超円安 国債崩壊 株大暴落

―円は200円を突破、そして長期金利6%へ―

Super JPY Depreciation
The Government Bond Crisis
The Great Stock Market Crash

浅井隆

第二海援隊

プロローグ

市場（国債、為替、株式）が大崩壊する日がやって来る！

巨大な衝撃が近付いている。

信じられない話だが、黒田前日銀総裁自らがある内輪の会合で「日銀が出口を出たら大変なことになる‼」と告白している。実は、黒田氏がアベノミクス下の異次元緩和で国債を爆買いしたからそうなったわけで、今になって本人自らが他人事《ひとごと》のようにそういうことを言うとは笑止千万である。だが、結局は私たち国民が被害を受けるわけで、黙って見ているわけには行かない。事態はそれほど深刻化しており、破局が迫っている。

さらに、元日銀の信用機構局長だった田辺昌徳《まさのり》氏は「それ自体に価値がない貨幣が、貨幣として通用しているのはきちんとした仕組みの下で制御され、過不足なく供給されている信頼があるから。その前提が失われた途端、通貨の信用は崩壊する。そうなるとハイパー（超）インフレだ」と認めている（東京新聞ホームページ二〇二三年一一月一九日付のインタビューより)。さらに「財政マネーも制御しないといずれ破局がくる」(同前)と断言しているのだ。

はっきり言って、政府はばら撒《ま》くばかりで財政を制御しておらず、日銀は国債を買うばかりで貨幣の量をしっかりと制御できておらず、インフレに対して金利も上げられずにいる。そうした中で不気味に円安だけが進行しており、壮大な破局が迫っていることを暗示している。

日本国政府の借金はいまや世界第二位(二〇二二年度統計)で、あのアルゼンチン(インフレと通貨危機で国内大混乱)やアフリカのスーダン(内戦でグチャグチャ)よりひどい状況で、太平洋戦争終戦時とほぼ同額に達している。すでに限界に到達しているが、岸田政権下でも借金の膨張をやめる気配はまったくなく、破局がいつ来てもおかしくない状況だ。

「破局」とは、まさに「国債暴落(長期金利上昇)」「一ドル=二〇〇円を超えるようなすさまじい円安」、そして「下げ幅二万五〇〇〇円を超えるような株のスーパー暴落」だ。これを〝トリプル安〟という。市場の大反乱であり、大崩壊だ。それが、早ければ二〇二五年にもやってきそうなのだ。

しかし、巨大危機こそ大チャンスだ。事前に身構え、手を打った者にとっては人生最大のチャンスとなることだろう。本書は、そのチャンスを皆さんにもたらすものである。

浅井　隆

二〇二四年七月吉日

超円安　国債崩壊　株大暴落――目次

第三章　日経平均は再び四万円超え、そこから二万五〇〇〇円暴落

第四章　国債格下げでトヨタでさえパニック
――日本国が破産する日

エピローグ

※注　本書では一米ドル＝一六〇円で計算しました。

第一章

黒田オフレコ発言
「日銀が出口を出たら大変なことに」
長期金利六%に

次の大恐慌のきっかけは「日本国債暴落」

「世界的な債務膨張が、大恐慌に匹敵する大損害を市場に与える」（ブルームバーグ二〇二三年一月三一日付）——今からおよそ一年前、ブラック・スワン的なイベントに備えるファンドを運用する米ユニバーサ・インベストメンツは、顧客にこう警告した。同社には、ベストセラーとなった著書『ブラック・スワン』で二〇〇八年の金融危機を予言したナシーム・ニコラス・タレブ氏がアドバイスしている。

ブルームバーグによると、同社のマーク・スピッツナーゲル最高投資責任者（CIO）は「客観的に見ても、金融史上最大の発火装置および時限爆弾と言える。その規模は一九二〇年代後期より大きく、当時のような結果を市場にもたらす可能性が高い」（同前）と書簡に記していた。ただし、その時期は明言していない。

現在の世界経済を俯瞰《ふかん》すると、あちらこちらに時限爆弾が転がっている。日本、アメリカ、欧州、中国のどこを見ても深刻な債務問題が横たわっている。これは喫緊《きっきん》の課題だ。なぜなら、世界経済のトレンドが明確にインフレへと転換したからである。おおよそ過去四〇年は、デフレ（ディス・インフレ）によって債券価格は基本的に右肩上がり（金利は右肩下がり）であった。ところが、二〇二〇年の新型コロナウイルスのパンデミックや二〇二二年のロシアによるウクライナ侵攻をきっかけに、世界中をインフレが襲っている。

このインフレは、皆さんが想像しているよりも長引く可能性が高い。直近では、中東情勢（具体的にはイスラエルとイランの対立）の緊張が原油価格や世界のサプライチェーン（供給網）に打撃を与えているが、こうした〝地政学リスクの常態化〟もインフレが長引く理由だ。

そして同時に、このインフレの進行は「債券の死」を意味する。そう考えると、今後どこかの時点で世界的な国債バブルは弾ける（もう、その予兆は出ていると言ってよい）。結論からすると、それによって多くの地域で債務危機が表面化し、破綻が現実のものになる可能性が高い。

「フリー・ランチ（タダ飯）はない」という経済学における不変の真理を、今まさに世界経済は体現しようとしている。そう、過去四〇年間に増やし続けて来た借金のツケを払う時が来たのだ。

ドイツには、「木はどんなに伸びても天には届かない」という諺《ことわざ》がある。木は、どんなに成長しても自分の重さを支えきれなくなる時がいつか必ず来るという意味だ。これこそ、まさに不変の真理と言える。

国家や企業、個人の借金も同様だ。永遠に借金を増やし続けることなどできない。一部には「ＭＭＴ」（現代貨幣論）など、インフレにならない限り政府は永続的に債務を増やし続けることができるという〝たわごと〟が支持されているが、これは単なる幻想だ。とりわけ、金利が上昇トレンドに突入した今、多くの国や地域で債務問題の持続可能性に疑念が生じ始めている。

世界の主要金融機関が加盟する国際金融協会（ＩＩＦ）が二〇二四年二月二一日に発表した報告書によると、二〇二三年の世界の債務総額は三一三兆ドル

世界の債務残高は過去最高に

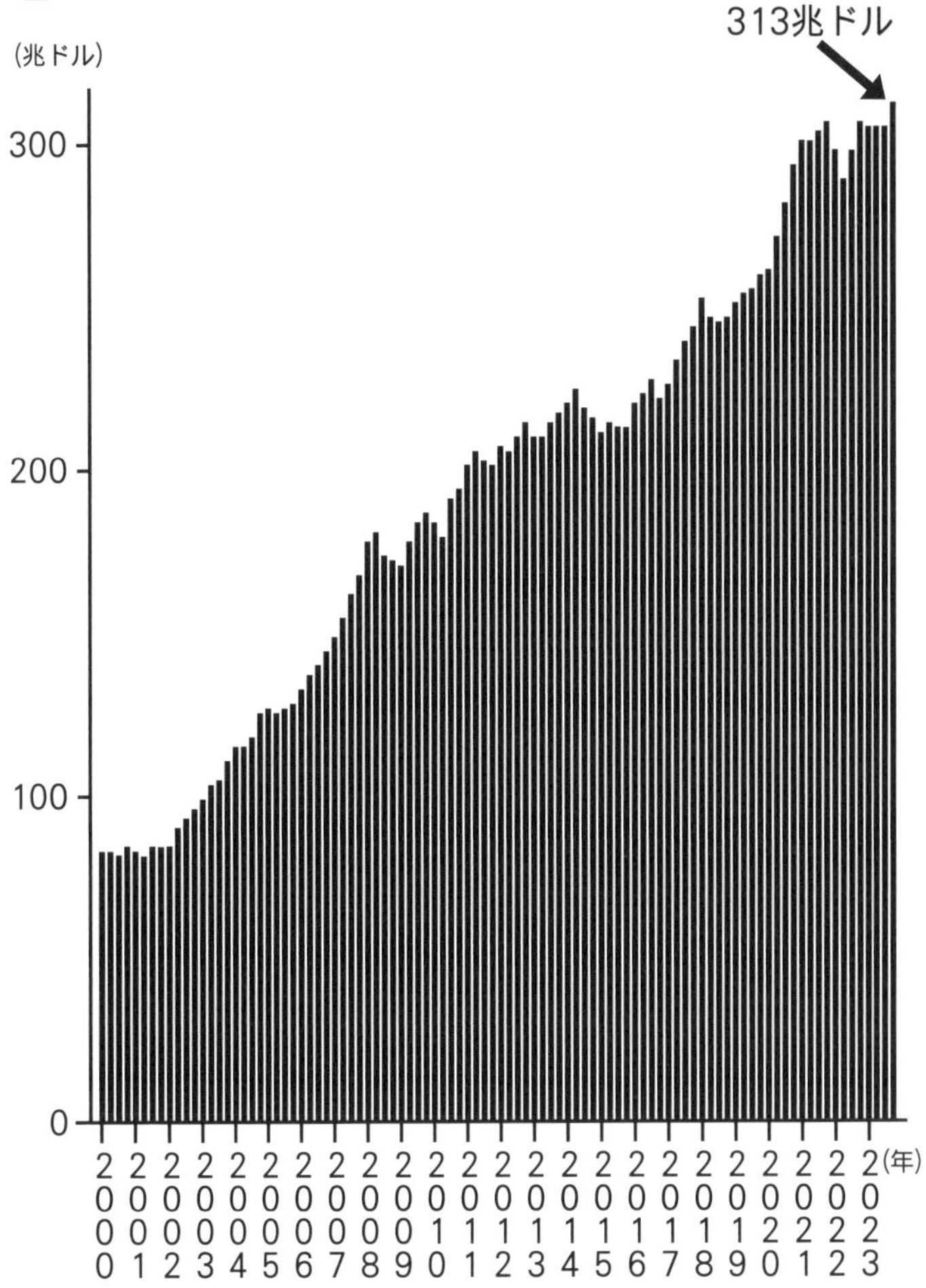

IIF（国際金融協会）のデータを基に作成

（約五京八〇兆円）と過去最高を記録した。対GDP（国内総生産）比の債務残高は三三一％と三年連続で低下したが、これはドル高によって現地通貨ベースの債務が目減りしたことによる。

アメリカや中国でも債務残高が増え続けているが、とりわけ日本のそれは突出している。日本の政府、企業（金融を除く）、金融、家計の債務残高の対GDP比は、驚きの「六〇三・五％」だ。このため日本は、最もインフレ（金利上昇）に脆弱《ぜいじゃく》である。言い方を変えると、利上げによるインフレ退治に消極的とならざるを得ず、通貨価値の趨勢的な切り下げに甘んじる他ない。

投資運用会社ティー・ロウ・プライスのグローバル債券ポートフォリオマネジャー、クエンティン・フィッツシモンズ氏は、ブルームバーグ（二〇二四年四月一六日付）のインタビューに対し、（日本には）「債務の持続可能性を巡る懸念があるため、利上げするにしてもあまりにも大幅な引き上げは望んでいないだろう」とし、引き続き円安が進行する可能性があると指摘した。まさに〝言い得て妙《みょう》〟である。

多くの市場関係者は、日銀が久方《ひさかた》振りに利上げモードへ転じたと判断しているが、拙速《せっそく》だ。日銀の利上げは、早々に限界に直面するだろう。おそらく日銀の「ターミナル・レート」（利上げの最終到達地点）は、どんなに高くとも一・五％以下で収まるはずだ。

というのも、（詳しくは後述するが）利上げの過程で日本の長期金利がもし二・〇―二・五％に上昇しようものなら、確実に債務危機が舞い降りて来る。だからこそ、日銀はそこまで大胆に利上げすることは絶対にできないのだ。

一方で、円安を放置するにも限度がある。円安の放置は自ずと輸入インフレという外圧を招き、国民の反発が政治を動かす可能性が高い。仮に、一ドル＝一八〇円以上に円安が進行すれば、国民生活への打撃は相当なものになるはずで、多分に政治的なプレッシャーがかかる。

アメリカからの苦言も必至だ。現在のアメリカでは党派を問わず、製造業の雇用維持の観点から安い外国製品の流入を嫌う。仮に、保護主義を誓うドナルド・トランプ氏のような人物が再び大統領となれば、日本に関税を課すか、ドルの切り下げ（逆の言い方をすると円の切り上げ）を模索するかもしれない。その際の手っ取り早いやり方は、日本に利上げを促すことだ。

この瞬間こそが日本のターニングポイントで、ネガティブな言い方をすればここで日銀は究極のジレンマに直面する。そのジレンマとは、一に「債務危機を覚悟した上で利上げ（円安是正）に踏み切る」、二に「物価（通貨）の番人としての立場を放棄（円安を放置）し続ける」という究極の選択を迫られるというものだ。

私は、数年以内にも日本がこうした局面に差しかかると考えている。早ければ、二〇二五年にも直面しかねない。私に言わせると、日本の財政危機は「タイマーはセットされているが、残り時間が表示されない時限爆弾」のようなものだ。いつか、必ず大爆発がやって来る。昨今の急激な円安からして、それはそう遠くないのかもしれない。

私は、これからの日本経済が「超の付く円安」を経由して「国債の大暴落」（長期金利は急騰）に至ると確信している。耳を疑うかもしれないが、私が思い描く日本経済の末路は、「一ドル＝二六〇—三六〇円」。そして「長期金利＝六％超」という、目も当てられないような世界だ。

当然、日本がそこまでに至れば、それをきっかけに世界経済は一九三〇年代に匹敵する恐慌へ突入する。これが、早ければ二〇二五年、遅くとも二〇二〇年代後半には起こるというのが私の持論だ。エコノミストの間では昨今の世界的な株高を背景に「狂騒《きょうそう》の二〇年代」の再来を予想する者もいるが、私に言わせると待っているのは「地獄の二〇年代」である。

「ソロス・チャート」が暗示する日本円の〝叩き売り〟

日銀は、かねてから事実上の財政ファイナンス（国債の直接引き受け）を続けて来た。その結果、日銀の国債保有残高は二〇二四年三月に五八九兆円に達してしまった。日本政府の国債発行残高は一〇六八兆円（二〇二三年末時点）なので、その半分以上を日銀が保有していることになる。

ちなみに日銀は、他国の中央銀行もいまだかつてやったことのないETF（上場投資信託）やJ―REIT（不動産投資信託）も買って来た。そのため、日銀のバランスシート（総資産）は、二〇二四年四月時点で約七五〇兆円にまで膨張している。日銀のバランスシート対GDP比は、驚異の「一二八％」。FRB（米連邦準備制度理事会）の二七％、ECB（欧州中央銀行）の三二％と比べても明らかに異常な水準だ。

「ソロス・チャート」と呼ばれるものがある。これは著名投資家のジョージ・ソロス氏が考案したもので、二国間の中央銀行が供給する通貨の量、つまりマネタリーベースの差で為替レートが決まるというものだ。考案者であるソロス氏は、「供給量の多い国の通貨が下落する」としている。長期的に見ると両者に明確な相関性はないというのが為替市場の通説になっているが、このソロス・チャートを基に投資行動を決める海外機関投資家は、今なお多い。

このマネタリーベース（日本の場合は日銀券発行高、貨幣流通高、日銀当座預金の合計）は中央銀行のバランスシートの負債側に位置し、その中で大きな

日銀の国債保有割合の推移

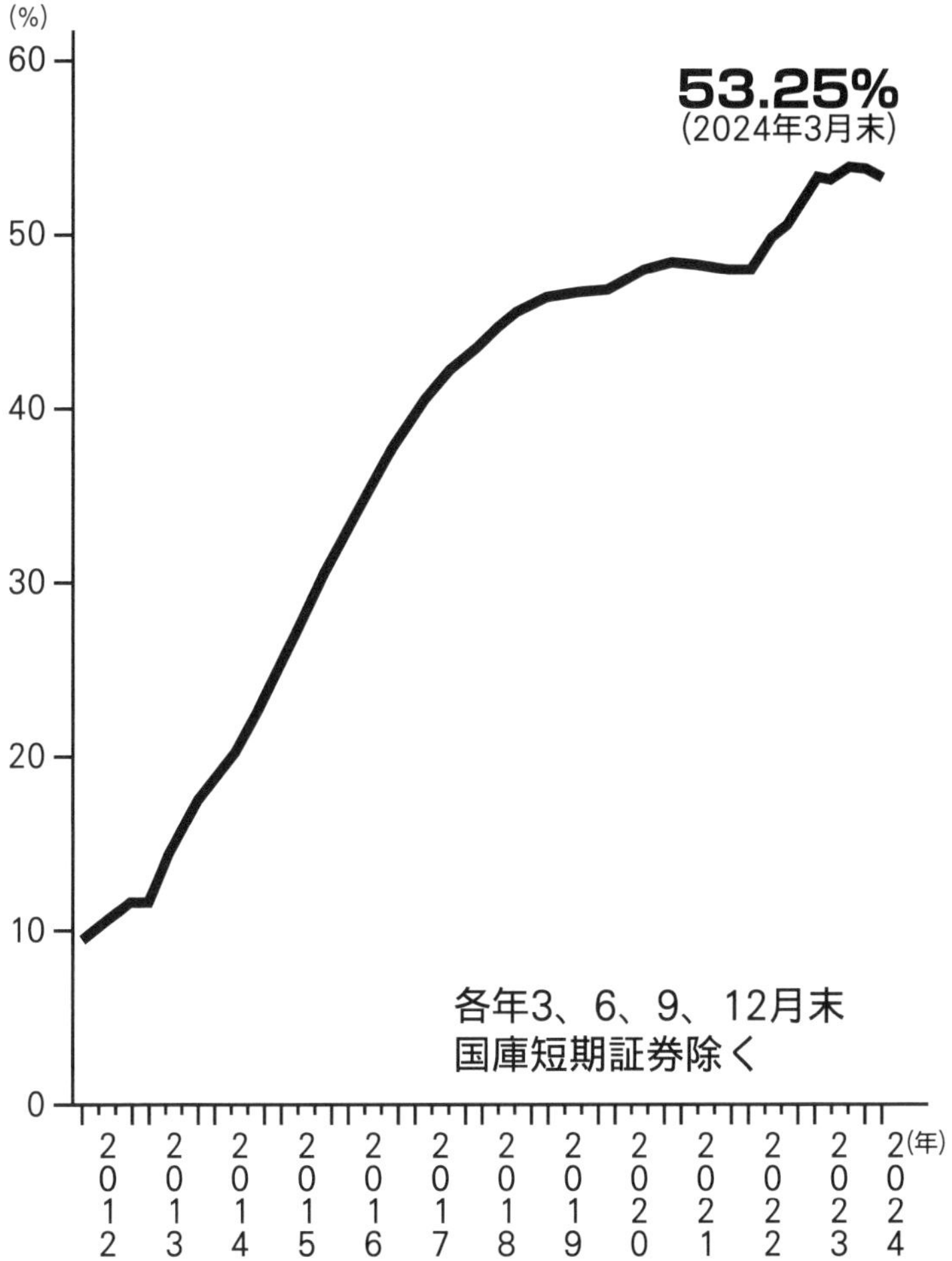

日銀・資金循環統計のデータを基に作成

割合を占めている。正確を期《き》すと「総資産＝マネタリーベース」ではないが、ざっくりと把握したいのであれば中央銀行のバランスシート（対GDP比）を見ればよい。前述したように、日銀のバランスシート（対GDP比）はFRBやECBと比較しても明らかに突出している。つまり、ソロス・チャートに基づくと〝円は売り〟だ。

私が懇意《こんい》にしている海外の投資家にカイル・バスという人物がいる。彼は、先のサブプライムバブル（リーマン・ショック）を事前に予測したことで一夜にして有名になった人物だ。

バス氏は生粋《きっすい》のマネタリスト（貨幣主義者：貨幣の量によって物価や失業率などの経済変数も変化すると考える経済学の立場）である。二〇二二年に私が彼にインタビューした際、バス氏はお札《さつ》を刷りに刷っている日本を「クレイジー」だと喝破した。ちなみに、主要国でGDPよりも多くマネタリーベースを供給している国は、日本をおいて他にない。同氏は、マネタリストの観点から「一ドル＝二〇〇円を突破するのは、時間の問題だ」と断じたのである。

ここで恐ろしい事実を伝えておきたい。それは、日銀とFRBのバランスシート（対GDP比）の乖離《かいり》が、今後さらに拡大して行く可能性が高いということだ。現在、すでにFRBはバランスシートの縮小に着手している。これはQT（量的引き締め）と呼ばれる作業で、FRBは二〇二二年五月にバランスシートの規模を縮小する計画を発表、直後の六月から国債などの保有資産を減らすQTを開始した。その結果、FRBの直近の保有資産は二〇二二年の夏に付けたピークの九兆ドルから約七兆四〇〇〇億ドルにまで減少している。

これに対し、日銀の金融政策の引き締めは途《と》に就《つ》いたばかりだ。日銀は二〇二四年六月一四日の金融政策決定会合で、月間六兆円程度としている長期国債の買い入れを減額する方針を決定した（具体策は次回の七月会合で決めるとのこと）が、それは相当に緩やかなものになるだろう。

そもそも日銀は、二〇二三年末時点で国債発行残高の五四%を保有しているため、物理的にさらなる国債を買うのは難しい段階にある。民間の金融機関は日々の取引の担保としてある程度の国債を保有しなければならず、日銀が市中のすべての国債を買うことは不可能なためだ。

実際、日銀の国債保有残高は、二〇二四年の一―三月期に二〇〇八年以来で初めて減少している。これをもって「日銀がステルス（密かに）QTを開始した」と報じたメディアもあるが、QTを長期的に実現できるかは未知数だ。QTというのは、国債市場から日銀という最大の買い手が撤退するということであり、自ずと金利上昇に直結する。果たして日本経済が、そうした金利上昇に耐えられるのか。

ちなみに、日銀が本格的にバランスシートを圧縮させようとすれば、それは相当な年数を要する。日銀が保有する国債の償還までの平均残存年数は、七年弱まで長期化しているためだ。QTの一般的な方法は「ランオフ」というもので、満期まで保有した国債を買い直さないことでバランスシートを縮小させる。

日銀が国債市場から撤退すれば、その代わりを誰かが担わない限り、金利はどんどん上昇してしまう。下手をすると、「国債暴落」だ。物理的な面からしても日銀の国債購入額は徐々に減少して行くと考えられるが、民間の金融機関は

FRBのバランスシート縮小は続く

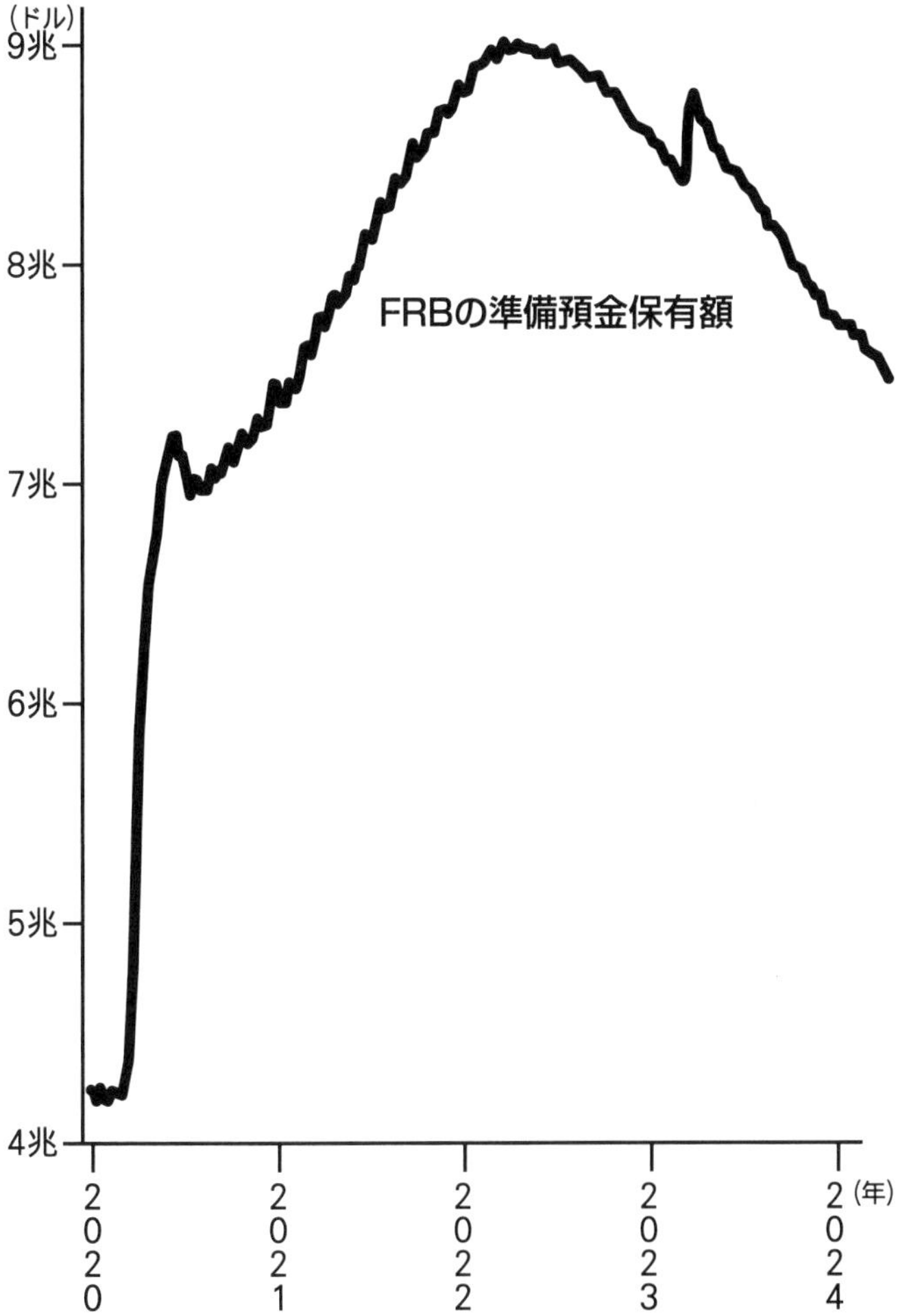

FRBのデータを基に作成

どこまで国債の保有を増やせるのか。どんなにがんばっても、民間の金融機関が追加で保有できる国債は一〇〇兆円程度と推察される。しかも、民間の金融機関がさらに減価しそうな国債を積極的に買ってくれるという保証はない。

日銀のQTは、まさに長きに亘る「茨《いばら》の道」だ。言うなれば、素足でトゲトゲの道を何年も歩かなければならないのだ。その道中では、確実に投機筋という〝鬼〟が邪魔をして来る。金利上昇局面に乗じて日本国債を売り崩そうとするのだ。そうなると、歩《ほ》を進めていた日銀も防戦を迫られる。具体的にはバランスシートの縮小を停止し、国債を買い入れることで投機筋を追い払うのだ。投機筋の攻撃があまりに激しいようだと日銀は防戦一辺倒となり、バランスシートがかえって膨張する結果に終わることも考えられる。それほどまでに、この道は険しいのだ。

おそらく日銀のQTは、絵に描いた餅で終わる可能性が高い。植田総裁が血の汗をかきながらなんとかQTを進めたとしても、対GDP比で一〇〇%程度にまで低下させるのが精いっぱいではなかろうか。

日米欧中央銀行のバランスシート（対GDP比）

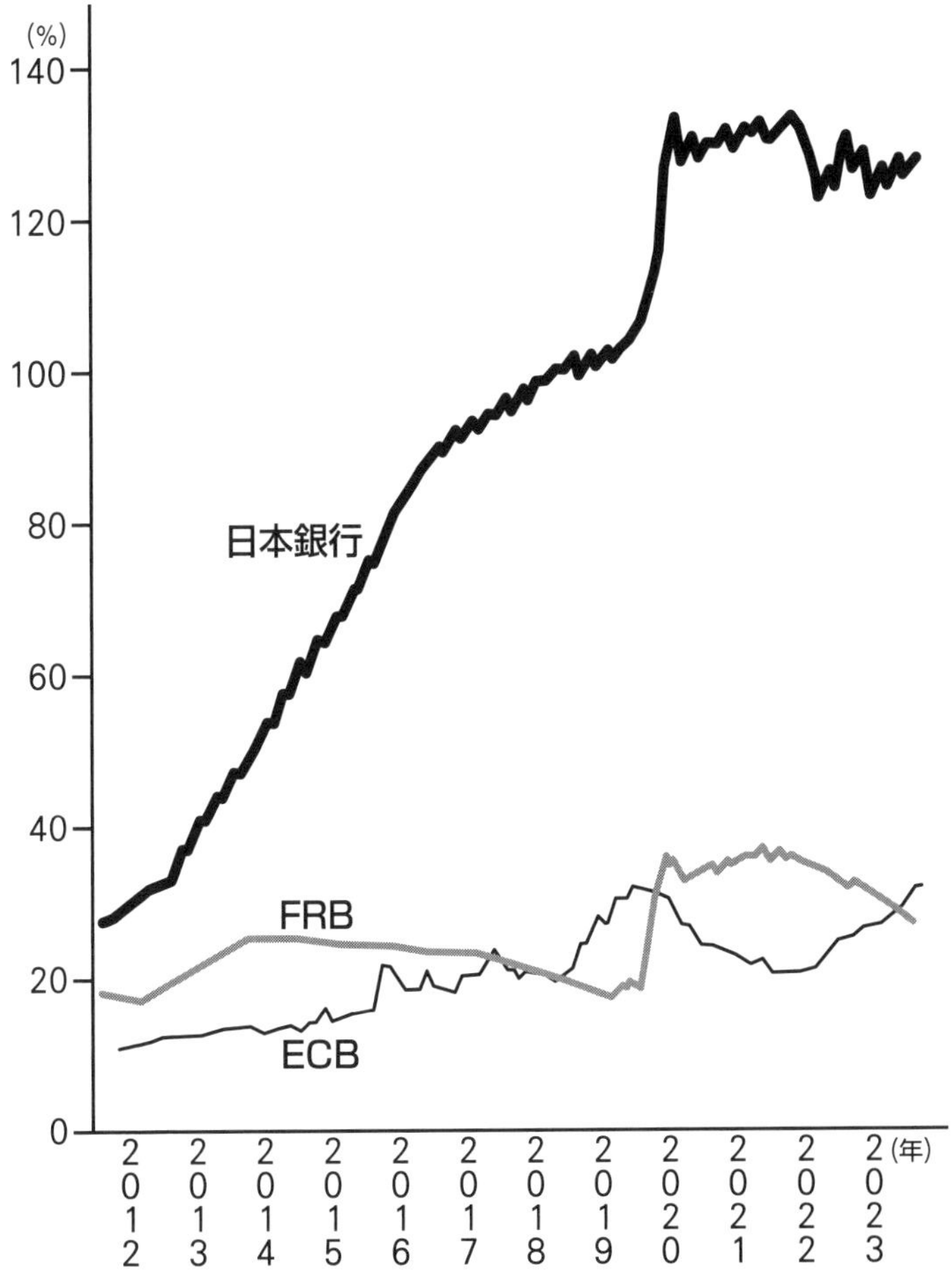

各中央銀行・ブルームバーグのデータを基に作成

一方のアメリカは、対ＧＤＰ比二五％以下にまで低下すると予測されている。ニューヨーク連銀は、二〇二四年四月に公表した報告書でＦＲＢのバランスシート縮小（量的引き締め）が二〇二五年まで続くとの見通しを示した。

報告書によると、ＱＴの終了時期は金融システムの流動性需要次第ではあるが、二〇二五年初めにバランスシート規模六兆五〇〇〇億ドルで停止することが可能になる。準備預金需要が低い場合は、二〇二五年前半にＱＴを減速させて同年なかばに六兆ドル規模で停止可能と想定した。アメリカのＧＤＰは約二六兆ドルなので、ＦＲＢのバランスシートが六・五兆ドルまで圧縮すれば、対ＧＤＰ比は現状の二七％から二五％程度に低下する。

前出ソロス・チャートは二国間のバランスシートを比較するが、日本は一〇〇％以上でアメリカは二五％以下となれば両者の差は一目瞭然だ。米ドルに軍配が上がる。もちろん、この差は将来的な経済情勢によって変化するが、それでも日米のそれに大した差は生じないと断言したい。アメリカがリセッション（景気後退）となればＦＲＢは再びバランスシートを拡大させるであろうが、間違いなく日銀もそれに追随《ついずい》する。だから両者の差は、もはや大して縮まらない。

それもこれも、すべて日本が借金をしすぎたためである。冒頭で述べたように、日本の政府、企業（金融を除く）、金融、家計の債務残高の対GDP比は「六〇三・五％」だ。このツケが回って来たのである。その帰結としての円安だ。

ゴールドマン・サックス・グループの元チーフ通貨ストラテジストで、現在は米ワシントンのブルッキングス研究所で研究員を務めるロビン・ブルックス氏は、ブルームバーグ（二〇二四年四月三〇日付）に対し、「円急落は自ら招いた結果」と日本を手厳しく批判している。

ブルックス氏は、「これは実のところ債務、日本を非常に厳しい状況に追い込みつつある過剰な債務に関わる問題だ。多くの債務を抱えていても、中央銀行を使って金利を低く抑えることができる。日本はそうしてきたし、欧州もそうしてきた。しかし、それが招いた結果が今ここにある」と認識を示した上で、通貨安を是正したいのであれば「日銀は一〇年国債利回り上昇を容認し、引き締めに動くべきであり、そうすれば（政府・日銀による）介入はより効果的になるだろう。欠けているのはそれだ」と主張。「それは完全に自ら招いた結果だ。債務を減らす積極的意思を欠いている。先進国の財政余力に制限がないという説に疑問を投げ掛ける点で、これは興味深い」と同氏は指摘した。

誰がどう見ても日本円の将来は暗いというのに、いまだに危機感に乏しい日本人が、私は不思議で仕方ない。

それでも最後に待つのは「国債暴落」

私はこの十数年来、一貫して日本の国家破産についての研究をリードして来たと自負している。私はその究極的なシナリオとして、単純に借金の積み増しが金利の上昇につながり、最後は政府がデフォルト（債務不履行）して終わるという姿を思い浮かべて来た。

しかし、近年は多くの識者がこれとは異なるシナリオを提示している。その代表例が、日銀が破綻するというものや（話は類似するが）円が暴落して再起を図るというシナリオだ。

今までに発行された日本国債の大部分はあくまでも円建てであり、政府・日銀はその気になればその円を無限に発行できることから、理論上は日本政府がデフォルトすることはない。このことは、一般にも広く知られている。この物語は現在進行中で、その反動として外国為替市場では円安が進行していると言ってよい。しかし、一周まわって結局のところ日本国債は暴落すると私は考えている。「理論上はあり得ない」ことが、実際には起こってしまうというわけだ。

「事実は小説より奇なり」という諺がある。これはイギリスのロマン詩人のジョージ・ゴードン・バイロンが残した「事実や実際に起こることは、空想で作られる小説よりも奇妙なものである」というセリフが語源となって後世で使われるようになった。この諺が示すように、現実はいかにも複雑怪奇である。この世界には多くの〝変数〟があり、過去には「あり得ない」とされて来たことが幾度となく起こって来た。

たとえば、二〇〇八年のリーマン・ショックが起きるまでは、「金融工学はすべてのリスクをヘッジする」と吹聴されていたのである。しかし、結局は破綻した。私は、金融の世界では理論家よりも実践家でいることの方が良いと思っている。私の経験上、理論上ではあり得ないとされていても、頭の片隅にはそうしたシナリオ（万が一というものである）を織り込んでおくべきなのだ。

日本国破産を予想する場合、国債の暴落よりも日本円が価値を失うシナリオこそがもっともらしいように聞こえる。前項までで述べて来たように、世界最大の債務残高を抱える日本は金利上昇にめっぽう弱く、利上げを進めれば自己実現的に危機を起こしてしまうからだ。たとえば、長期金利が二％台に乗るなどしたら、その時点で〝ご破算〟となる可能性がある。

二〇二二年からインフレが席巻したアメリカの政策金利は、二〇二四年四月時点で五・五％（上限値）だ。アメリカのインフレ率は二〇二二年六月に前年比九・一％でピークを付けたのだが、それを退治するためにＦＲＢが利上げに動いた結果が今の数字（五・五％）である。将来的にそのような水準のインフレが日本を襲ったとしても、いかなる理由であれ日銀にはＦＲＢの真似はでき

主要中央銀行の政策金利

（2024年6月時点）

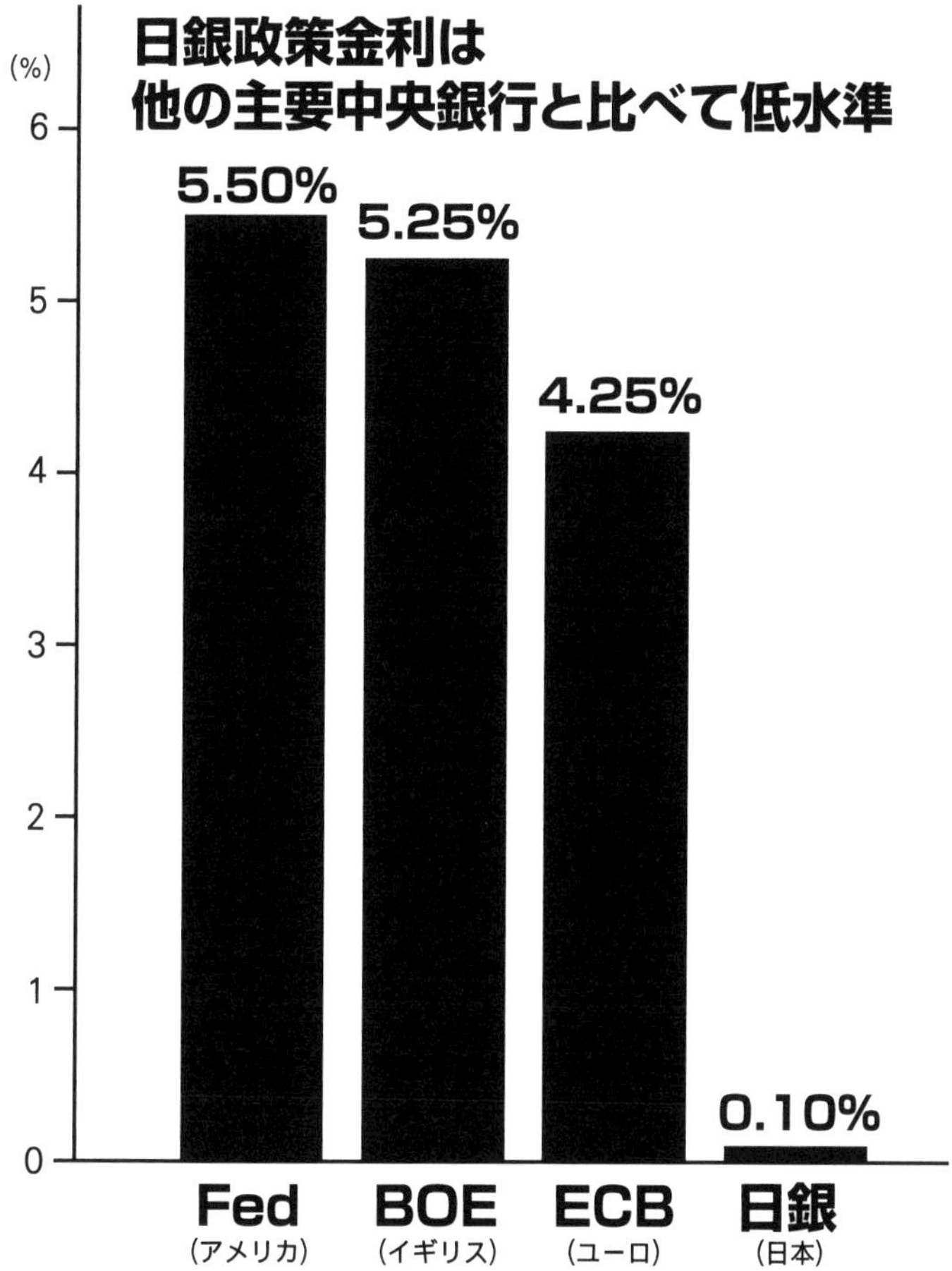

ブルームバーグのデータを基に作成

ないと誰もが思っている。

ＩＭＦ（国際通貨基金）のチーフ・エコノミストを務めたオリヴィエ・ブランシャール氏は二〇二四年四月二九日、英ロンドンで開かれたＡＩＭサミットで日本の実質賃金の下落と財政赤字の拡大を挙げ、「経済的に行き詰まっている」と述べた上で、日銀が利上げを実施すれば日本は「かなり深刻な」景気後退に直面するとの見方を示した。

これは、「日本は利上げできない」と言っているのに等しい。昨今の円安はまさにその帰結であり、「この円安には際限がない」と多くの人が考えている。

「日銀の財務リスクの観点から利上げは不可能」と断じる向きも少なくない。日銀はおよそ六〇〇兆円の長期国債を保有しているが、長期金利が上昇（国債価格は下落）するとその国債に莫大な評価損が生じる。日銀の正木一博企画局長は二〇二四年四月七日の参議院予算委員会で、二〇二三年度上半期末（長期金利は〇・七六％）のイールドカーブが全体的にパラレルに上昇したと仮定すると、保有国債の評価損の拡大幅は一％上昇で二九兆円、三％で七七兆円、五%で一一四兆円、一〇%で一八〇兆円になるとの試算を明らかにした。

実際、二〇二三年九月には長期金利の上昇によって日銀が保有する国債の含み損は一〇・五兆円に膨らんでいる。これは日銀の自己資本一二・七兆円の八割に達するもので、民間の金融機関であれば「取り付け騒ぎ」に発展してもおかしくはないレベルだ。

二〇二三年三月には、アメリカの「シリコンバレー銀行」が財務リスクから電光石火の破綻劇を演じた。このシリコンバレー銀行は、主に法人（それもハイテク企業）からの預金を米国債で運用していたのだが、利上げによって顧客の資金需要が増加する（具体的には預金の引き出しが相次ぐ）と、その引き出しに応じるため満期保有を目的としていた米国債すら売る必要に迫られたのである。金利の上昇は債券価格の下落を意味するため、シリコンバレー銀行は米国債を投資した時よりも安い価格で売らなければならなかった。

こうした実現損の計上だけでなく、まだ保有している米国債にも多額の含み損が発生してしまい、信用不安から株価が暴落してしまう。昨今はＳＮＳ

（ソーシャル・ネットワーキング・サービス）全盛の時代だ。同行に対する不安心理は極端なデマも含めてあっという間に拡散され、なんと株価が暴落した翌日に破綻してしまったのである。

一方で、民間の金融機関と違って中央銀行には時価会計が適用されない。たとえば日銀もそうだが、購入した国債はすべて満期保有が前提であり、そのため含み損が出ても問題ないとの意見もある。しかし、世界最大のバランスシートを持つ日銀が赤字や債務超過となれば、話は変わって来るかもしれない。

日本総研で調査部主席研究員を務める河村小百合氏は、著書『日本銀行 我が国に迫る危機』（講談社）で、利上げした場合、この一〇年間の異次元緩和を通じて日銀が大量に買い込んだ国債の価格が下落して債務超過に陥《おちい》り、日銀そのものはもとより通貨としての円の信認が損なわれる危険性を指摘している。「利上げに踏み切りさえしなければ、インフレの進行が放置されるリスクは高まりますが、日銀は赤字にも債務超過にもなりません。このことこそが、日銀が超金融緩和からの転換を頑なに拒み続ける本当の理由なのだろうと私は思います」

と記した。

同様の理由から参議院議員の藤巻健史氏は一ドル＝五〇〇円を予想する。私からしてもこうした予想は極めて現実的であり、利上げできない日銀の発行する円の暴落は、もはや時間の問題と言ってよい。

しかし、その過程でやはり日本国債も暴落するだろう。本章の冒頭でも述べたように、円の暴落を国民やアメリカが放置するはずがないからだ。

まず、円の暴落で輸入インフレが深刻化すれば、日本国民は必ず反発する。選挙ばかり気にしている日本の政治家が、こうした国民の反発を無視し続けることはできない。次の選挙で落ちてしまっては元も子もないからだ。

二〇二四年四月二九日に為替は一ドル＝一六〇円台を付けたが、ここら辺が「レッドライン」（譲れない一線）であろう。この日ドル／円は、一九九〇年四月二日に付けた平成の最高値一ドル＝一六〇・三五円に接近、しびれを切らした財務省が為替介入に動いた。長期のテクニカル分析においても一六〇円には大きな節目があり、ここを一気に突破されるようだと堰《せき》を切ったように暴落しかねない。財務省もその点を強く意識していることだろう。

仮に一ドル＝一六〇円を超えて一八〇—二〇〇円というレンジ（範囲）に入れば、国民の反発がさらに強まることは間違いない。世論の突き上げを食らった政治家が、日銀に利上げを促すことは十分にあり得る。先進国の中央銀行は政治から独立した立場にあるとされているが、これはあくまでも建前だ。政府債務の問題からして、とりわけ日銀は政府に従属していると思われる。しかし、政治から多大なプレッシャーがかかれば、ためらうことなく利上げを実行するはずだ。

円の暴落に対して、アメリカから深刻な苦言が入る可能性も大いにあり得る。製造業の雇用を重視するアメリカ政府の立場からすると、安い日本製品の流入だけはなんとしても阻止したい。保護主義を志向するドナルド・トランプ氏が大統領に再登板すれば、なおさらそうした立場を貫くはずだ。

二〇二四年四月三〇日付の米ウォール・ストリート・ジャーナルは「円急落とドル切り下げ　為替変動が壊滅的な報復関税を招く可能性も」と題した社説

で、「日本円の価値がどんどん下がっている。円相場は（四月）二九日に一時一ドル＝一六〇円を超える水準に下落し、数十年ぶりの安値を付けた」とし、その理由として日米の金利差が拡大していることを挙げた上で（日銀の）「植田総裁が金融政策の正常化に消極的になっている主な要因は恐らく、マイナス金利が長く続いたことで日本の金融システムおよび財政が脆弱化していることへの懸念だと思われる。二〇二二年九月の英国債市場の大混乱や二三年三月の米シリコンバレー銀行の破綻を目の当たりにした植田氏の慎重姿勢は理解できる。どちらのケースでも、低過ぎる金利が長く続き過ぎた場合のリスクが浮き彫りになった」と日本側の立場を説明。

しかし、「為替リスクは国際的な政治リスクにもなり得る」とし、大統領候補であるドナルド・トランプ氏の陣営内では、日本と中国が意図的に自国通貨安を引き起こしているとの見方が強まっており、現在はそうした行動がとられている証拠はないものの、「経済的な証拠がないとの理由で貿易戦争の仕掛け人たちが行動を思いとどまった例はない。彼らが対日報復関税を要求し始めたとしても驚いてはいけない。報復関税は日米両国で経済への悪影響を強めるだろう」と警鐘を鳴らした。

トランプ氏がドル安を好むことは有名だが、アメリカではインフレが常態化しており、こうした現状では利下げによってドルを切り下げることは容易なことではない。そもそも、トランプ氏の保護主義はドル高に寄与する。そのため、円安を是正するために日本へ利上げを迫る可能性が高い。これは、なにもトランプ氏に限ったことではなく、アメリカ政府が一ドル＝二〇〇—三〇〇円といった超円安を放置することは考えにくい。

こうして、政府と日銀は究極のジレンマに陥る。アメリカに背《そむ》くか、それとも恐慌と熾烈《しれつ》な財政再建を覚悟の上で金利を大幅に引き上げるかという選択だ。日本円の信認が失われた状況だと、小幅な利上げでは通貨高に誘導できないだろう。トルコやアルゼンチン、果てはベネズエラとまでは言わないが、政策金利＝五—一〇％、長期金利＝五—一五％まで覚悟しておくべきだ。

「さすがに先進国でそれはあり得ない」と思われるかもしれない。しかし、先進国それも超大国でもそうした前例がある。そう、一九七〇年代のアメリカだ。

一九七〇年代の醜悪なインフレと対峙した当時のポール・ボルカーＦＲＢ議長は、就任するや否やこう怒号を飛ばしたという——「今すぐ金利を限界まで引き上げろ」。そしてボルカー氏は公定歩合（政策金利）を一気に過去最高の一二％まで引き上げた。そこから怒涛の利上げ攻勢（インフレ退治）が始まり、プライムレート（最優遇貸出金利）は一九八一年五月に過去最高の二〇・五％に到達する。容赦のないインフレ退治は、深刻な副作用をもたらした。具体的には、世界的な債券バブルの崩壊（株価も死の時代を迎えた）と失業率の急上昇、さらには極端に治安が悪化したのである。ボルカー議長の下には多くの殺害予告が届き、本人も常に命の危険を感じていたとのちに回顧している。

日本も、一九七〇年代のアメリカと似たような未来を迎えると私は確信している。早ければ二〇二五年、遅くとも二〇三〇年までにはそれを覚悟しておくべきだ。

シナリオとしては、まずは円安。そして国民の反発にせよ、アメリカの怒りにせよ、結局のところ円安を是正せざるを得ない局面に至る。そして、国債の暴落だ。こう考えると、国債暴落は理論上こそあり得ないものの、実現してしまう可能性は決して低くない。むしろ、そこに行き着くと考えておくべきだ。

間違いなく、日本国債は歴史上で最大のバブルを形成している。それが崩壊した時のインパクトはすさまじく、一気に大恐慌レベルの不況が襲いかかるはずだ。日本は世界最大の対外純資産高を持つため、海外からのレパトリエーション（資金の国内回帰）は相当な規模にのぼり、世界中がその渦《うず》に巻き込まれるのは必至である。

もちろん、最も打撃を食らうのは当の日本国民だ。猛烈な悪性インフレと極めて過酷な緊縮（財政再建）が待っている。金利が大幅に上昇すれば、日本の格付けは一気に引き下げられるであろうし、もはや衰退国家への転落は不可避としか思えない。

為替が一ドル＝一四〇円や一六〇円といった節目をことごとく突破した際、海外メディアや日本のＳＮＳでは高金利と通貨安に苦しむトルコやジンバブエをもじって「ジャパン・リラ」や「ジンバブ円」というフレーズが躍った。ひと昔前では想像すらできなかった日本の衰退国転落というシナリオだが、今ではより現実味を帯び始めている。政治家の無策や、そうした政治を許して来た国民の危機感の欠如など、日本の現状は目に余る。先に、米ブルッキングス研究所のロビン・ブルックス氏が「円急落は自ら招いた結果」と日本を手厳しく批判したと伝えたが、まさにその通りではないだろうか。

この国の現状を省みると、「円安」経由、「国債暴落」経由、「衰退国に転落」といったあまりに暗いシナリオも、もはや必然的なことのように思えて来るのは私だけではないだろう。

第二章

超円安到来、二〇〇円は通過点。
やがて二六〇―三六〇円に！

円安は止まらず。日本は五〇年前に逆戻り？

今から約五〇年前、二〇歳の若者だった私は大学を一年間休学し、海外に遊学の旅に出た。それまで自宅の学習塾で稼いで貯めたへそくりに、二ヵ月半ほど時給の高い（＝きつい）アルバイトをして必死に作った軍資金を合わせて、九〇万円の予算で出発した。ホームステイしながら語学学校に通い、最後にヨーロッパ中を列車で周るという、六ヵ月弱の旅だ。

一日いくらで過ごすかも綿密に計算し、ギリギリの金額にした。往復の飛行機代、現地での語学学校の費用、ホームステイ代、旅行代、本代、食費など全部入れて九〇万円だ。九〇万円を単純に六ヵ月、つまり一八〇日で割れば一日あたり五〇〇〇円という計算になるが、これには飛行機やホームステイの費用も含まれている。これらを差し引けば、滞在中の生活費として実際に使える金額は一日あたり三〇〇〇円にも満たない。おそらく二五〇〇円か、下手をすると二〇〇〇円程度だ。当時の為替レートは一ドル＝二八〇円くらいだったから、一日一〇ドル以下で過ごさなければならなかったわけだ。

これが、どれほど大変なことか……。仮に、二〇二四年七月現在の為替レート（一ドル＝一六〇円）なら、一日あたり三〇〇〇円は二〇ドル弱だ。一日に使える金額が一〇ドルと二〇ドルとでは大違いだ。

一日三〇〇〇円というと、貧乏旅行なら十分ではないかと思われるかもしれないが、当時と今とでは為替レート、つまり貨幣価値がまったく違う。為替レートを比べてみればわかるが、円が今よりもずっと弱く（円安）、今の半分程度の力（購買力）しかなかったということだ。それだけ現地の物価が高く、三〇〇〇円と言っても実際には一〇〇〇円か一五〇〇円程度の消費しかできない感覚だ。貧乏旅行どころか、サバイバル旅行であった。実際、日本に帰国した時に手元に残っていたのは、わずか五〇〇〇円であった。

当時は、海外旅行は庶民にとってまだまだ高嶺の花であった。海外渡航が自由化されたのは、六〇年前の一九六四年だ。その直後に株式会社日本交通公社

（現ＪＴＢ）が開催した七泊九日でハワイをめぐる団体ツアーの料金は、三六万四〇〇〇円であった。当時の国家公務員の大卒初任給、一万九一〇〇円の約一九倍に相当する大金で、今の貨幣価値で言えば優に四〇〇万円を超える。一週間程度の旅行に四〇〇万円を超えるお金を払える人は、そう多くないだろう。庶民には到底無理な話だ。

その後、円は日本の経済成長に歩調を合わせるように劇的に強くなって行った。一ドル＝三六〇円の固定相場制から一九七一年のニクソンショックを発端に一九七三年より変動相場制に移行すると、その後長期に亘り円高・ドル安の流れが続いた。四八～四九ページの図は、変動相場制移行後のドル／円相場の推移を示したチャートだ。チャートを見ると、ほぼ一貫して円高傾向で推移しているのが見てとれる。円は二〇一一年一〇月三一日には一ドル＝七五・三二円を付け、戦後の最高値を更新した。

大幅な円高が進んだ結果、日本人にとって海外旅行はぐっと身近なものになった。海外旅行の費用は劇的に安くなり、学生でもちょっとアルバイトをしてお金を貯めれば気軽に海外に行けるようになった。なにしろ、かつて一ドルを手に入れるのに三六〇円払う必要があったのが、二〇〇〇年以降は一〇〇円そこそこで一ドルを手に入れることが可能になったのだ。

ＪＴＢ総合研究所によると、一人あたりの海外旅行一回の費用総額は一九九〇年の五二万円から二〇〇〇年には三一万円に、さらに二〇一〇年代には二五万円前後まで減少した。海外旅行費用は、二〇年間でほぼ半減したわけだ。

旅行費用の減少に伴い、日本人の出国者数は増えて行った。強い円を武器に、海外を訪れた日本人は現地の物価の安さを堪能し、観光、グルメ、ショッピングと旅行を満喫した。こうして海外旅行は、日本人の誰もが楽しめる手軽なレジャーになって行った。

ところが、新型コロナ禍を経てこの状況は変わり始めた。四八～四九ページの図のチャートをみていただければわかるが、この二一―三年で円安が急激に進行している。二〇二〇年末時点では一ドル＝一〇三円程度だったのが、二〇二四年四月には一ドル＝一六〇円台に乗せており、円はわずか三年ほどの間に五

73年～）のドル／円の推移

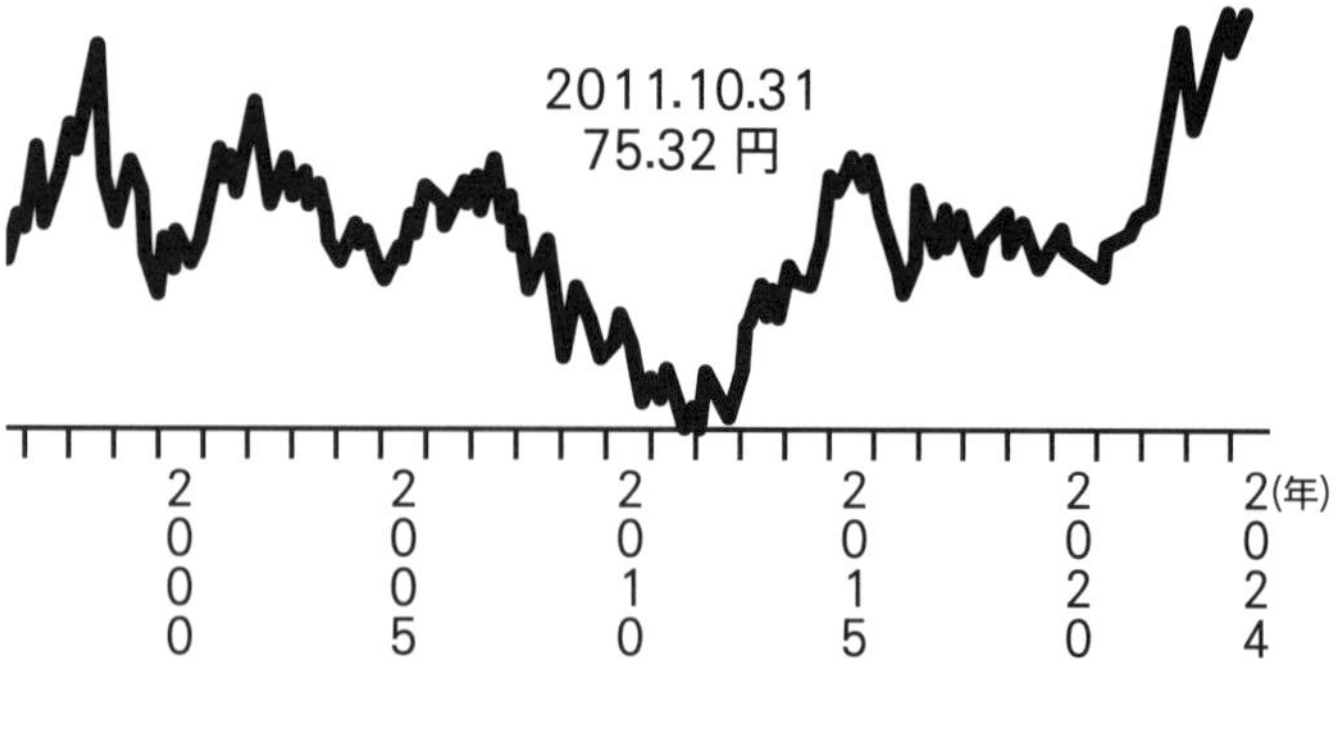

160 円突破
2011.10.31
75.32 円
2000
2005
2010
2015
2020
2024
(年)

変動相場制へ移行後（19

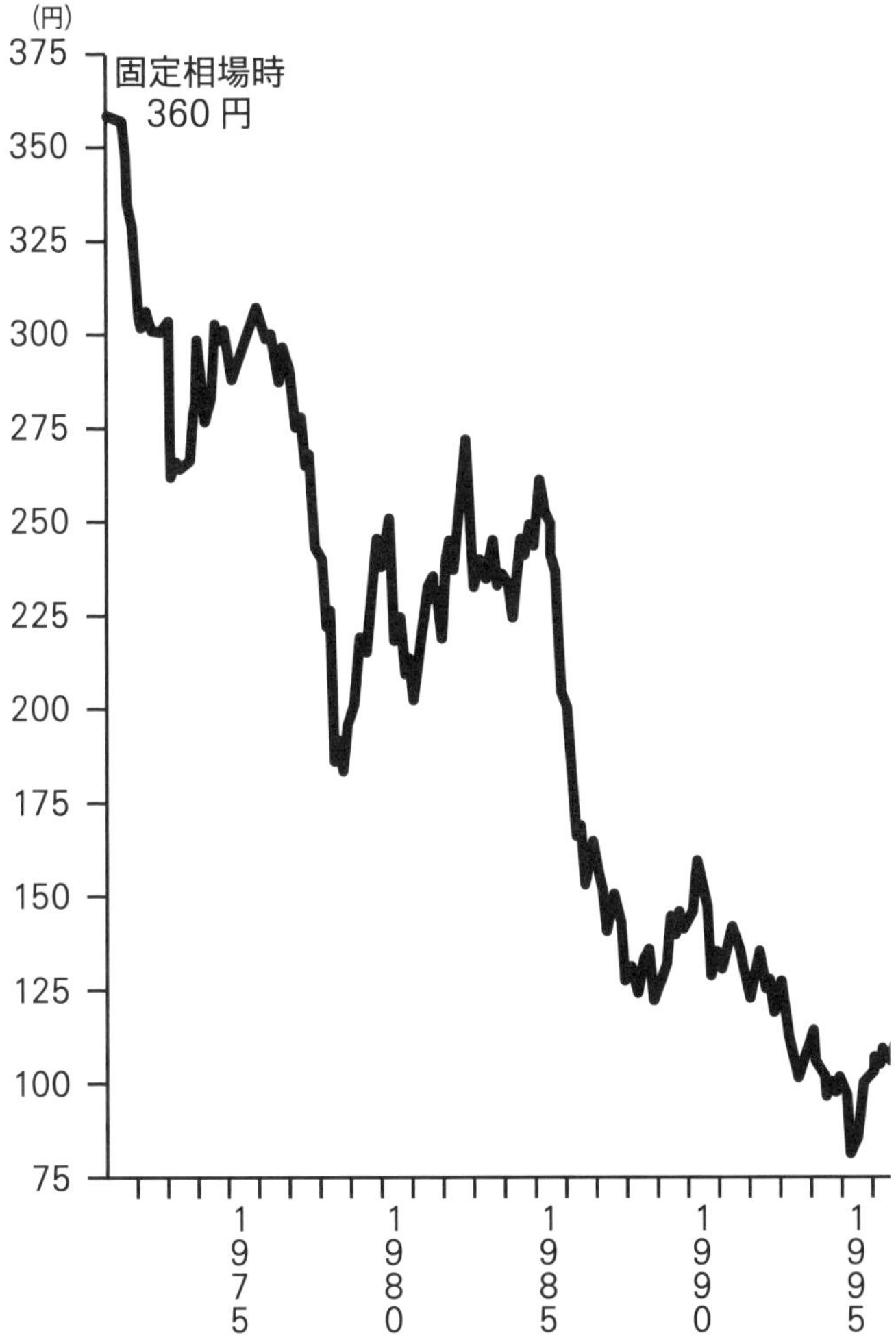

割以上も弱くなっている。

こうなると、海外旅行費用は一気に高額になる。単純に計算すれば、それまで二〇万円くらいだったパックツアーは、五割増しの三〇万円くらいになる。ビジネスクラスを利用する五〇万円くらいのちょっと贅沢なツアーは、七五万円くらいになる計算だ。もちろん、ツアー代金の中には為替レートが関係しない国内の費用も含まれているから、単純に五割増しになるわけではない。しかしここ数年、新型コロナ禍や米中対立、ウクライナやパレスチナ自治区ガザ地区における戦闘激化などによりグローバル化が後退し、世界的に物価が上昇している。そのため、国や地域によっては円安分以上に旅行費用がかさむ。

たとえば、シンガポールなどでは物価は以前に比べ少なくとも五割増し、下手をすると二倍くらいになっている。二〇二三年には、シンガポールの有名なシーフードレストランである〝事件〟が起きた。女性ら四人組の日本人観光客がアラスカ・クラブ（カニ）を注文したそうだ。しかし、食事を終えて会計の際に提示された値段に彼女らは仰天した。「一三二二・三七シンガポールドル

（約一四万五〇〇〇円）」というのだ。「これは、間違いなくぼったくりだ」と確信した彼女らは支払いを拒否、警察が出動する騒ぎになった。

この店には私も何度か訪れたことがあるが、レストランのたたずまいやサービスからして、決してぼったくりをするような店ではない。「カニ料理四人前で一四万五〇〇〇円は高すぎる」という庶民感覚は理解できなくもないが、低く見積もっても一人あたり三〇〇シンガポールドル（約三万二〇〇〇円）程度はかかる店だ。それがこのクラスの店の常識であり、彼女らが日本よりも物価が高いシンガポールで数千円もあればカニを食すことができると思っていたなら、勘違いもはなはだしい。

実際、この騒動はシンガポール現地メディアだけでなく、他国のメディアや有名インフルエンサーなどにより国際的なニュースとなって拡散した。X（旧Twitter）などのSNSでは、「日本人の恥」「シンガポールでカニが数千円で食べられるわけがない」といった書き込みが続出した。だが、円はこれほどまでに弱くなっているのだ。

大幅な円安が進んだことで、インバウンドは活況《かっきょう》を呈《てい》している。観光庁の発表によると、二〇二三年の訪日客数は二五〇六万人で新型コロナ禍前の二〇一九年の八割まで回復した。また、同年の訪日客の旅行消費額は五兆二九二三億円で、過去最高を記録した。訪日客数が新型コロナ前の八割の水準に留まるのにも関わらず訪日客の旅行消費額は過去最高、つまり新型コロナ前を上回ったのも円安の影響が大きい。訪日客の消費額を年間の平均レートでドルベースにすると、二〇一九年が四四〇億ドル超（一ドル＝一〇八円）、二〇二三年が三八〇億ドル弱（一ドル＝一四〇円）となり、新型コロナ前の水準に届いていないのだ。「日本は安い」——訪日外国人観光客の誰もが口を揃える。

一方、弱い円を持つ日本人にとっては、海外の物価は非常に高く以前のように誰もが気軽に海外旅行に行ける状況ではなくなりつつある。まるで、五〇年前に逆戻りしてしまったかのようだと言うと、少々大げさに聞こえるだろうか。二〇二四年七月現在、為替レートは一ドル＝一六〇円程度であり、私がヨーロッパを遊学した五〇年前は一ドル＝二八〇円くらいだったから、当時と比べれば今はまだまだ大幅な〝円高〟だ。

しかし、二国間の為替レートを見るだけではその通貨の総合的な実力を知ることはできない。一口に「円安」と言っても、ドルに対しては円安であってもユーロなど他の通貨に対しては円高になるということはいくらでもある。特定の通貨の総合的な実力を知るには、「実質実効為替レート」を見ればよい。特定の通貨（たとえば日本円）の価値が、世界の主要な外貨に対して高いか低いかを示す総合的な指数が「実効為替レート」であり、実効為替レートに相手国・地域の物価水準を加味して算出した指数が「実質実効為替レート」である。実質実効為替レートを見ると、この二十数年間、日本円の価値はドル／円相場が示す以上に下落を続けているのがわかる。

五四～五五ページの図は、日本円の過去五〇年間（一九七三―二〇二三年）の実質実効為替レートの推移を示したグラフだ。一九九五年頃までは円高基調、一九九五年頃から二〇二三年までは円安基調で推移しているのがわかる。一ドル＝八〇円を突破し急激な円高が進んだ一九九五年四月には、円の実質実効為

推移（1973年～2023年）

（2020 年を 100 とした指数）

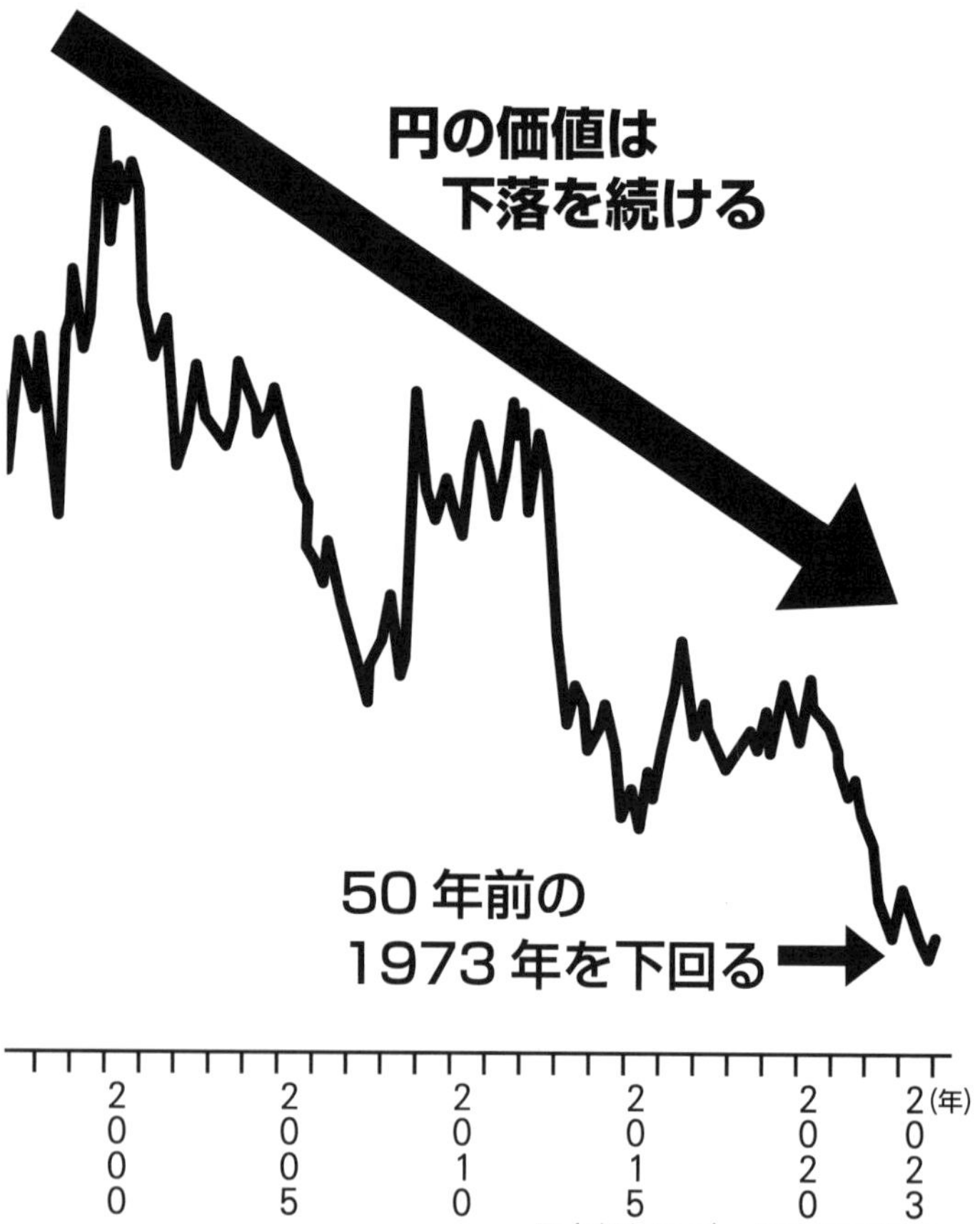

日本銀行のデータを基に作成

円の実質実効為替レートの

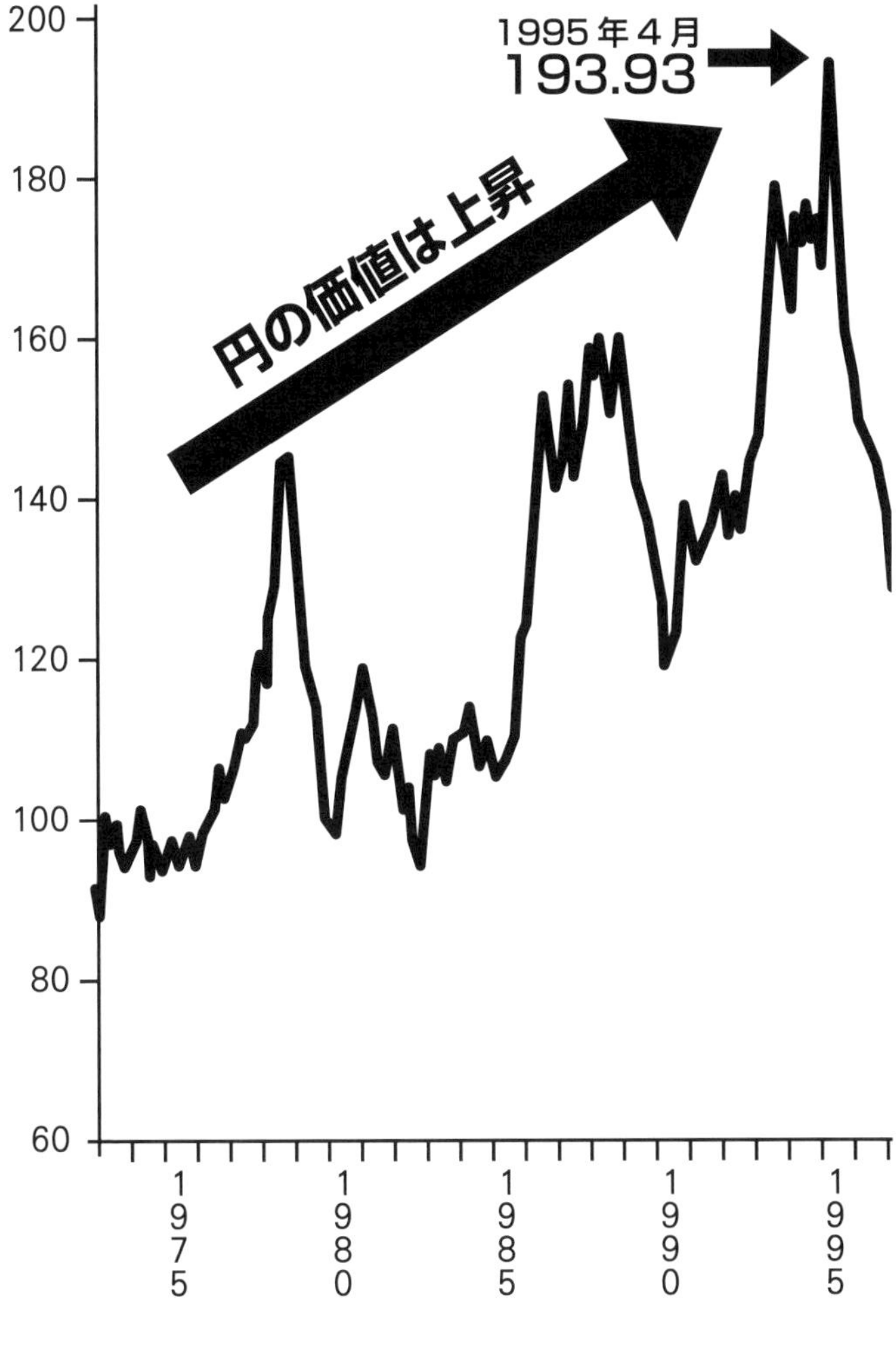

替レートは一九三・九七と過去最高を記録した。

これをピークに円の価値はおおむね下落基調をたどり、二〇二三年時点ですでに一九七三年の水準を下回っているのが見てとれる。つまり円の総合的な実力は、五〇年前に逆戻りしてしまったわけだ。いや、正確には五〇年前の水準にもおよばないほど、円は凋落《ちょうらく》したと言える。

円安が止まらない理由〈その1〉

最近の大幅な円安の最大の要因は、物価の上昇にある。二〇二一年後半以降、世界的に物価が上昇している。その影響は日本にもおよび、「物価は上がっているのに給料は上がらない」と多くの人が嘆くようにインフレが庶民の生活を圧迫しつつある。「名目賃金」（実際に支払われた賃金）から物価変動の影響を差し引いた「実質賃金」は減少を続ける。厚生労働省が発表した二〇二四年四月の実質賃金は前年同月比で〇・七％減少し、二五ヵ月連続でマイナスになった。

現金給与総額は二八ヵ月連続でプラスになっており、給料そのものは上がっているものの、物価上昇に追い付いていない状況だ。

一般に、インフレが進みすぎれば景気が過熱したり国民の生活が苦しくなるなどの弊害が生じるから、中央銀行は政策金利を引き上げるなどして金融引き締めに動く。実際、新型コロナ後のインフレ対応で多くの国が利上げに動いた。しかし、日本はまったく金利を上げていない。上げられないのだ。

借金を抱える者にとって、金利上昇は利払い負担の増加に直結し資金繰りが苦しくなる。これまではゼロ金利の下、利払い負担は極めて少なく、債務者にとって非常に恵まれた環境にあった。超低金利により容易に資金調達できる環境は、本来なら存続できないはずのいわゆる〝ゾンビ企業〟を増殖させて来た。収益力が低く、財務内容が悪い企業でも、負債により資金繰りが可能になり延命できるからだ。しかし金利が上がれば、過大な債務を抱える多くの企業が資金繰りに窮《きゅう》し経営に行き詰まることになる。超低金利のお陰で何とか延命できていたゾンビ企業も、金利の上昇で借り換えが叶わず事業の継続が困難になる。

個人レベルでは、住宅ローンへの影響も大きい。ここ数年は、日本でも不動産価格が急激に上昇している。物件価格が高いため、多少の無理をしてローンを組む人は少なくない。しかも日本では、住宅ローン利用者の約七割が「変動金利」を選んでいる。固定金利よりも変動金利の方が低いからだ。

利払い負担の少ない変動金利の方が合理的に思えるかもしれないが、世の中そうは甘くない。なぜ変動金利の方が低く設定されているかと言えば、債務者（つまり住宅ローン利用者）が金利上昇リスクを負っているからだ。固定金利ローンの場合は、債権者（つまり住宅ローンを提供する銀行）が金利上昇リスクを負うため、金利は相対的に高く設定される。変動金利ローンの利用者が大多数を占める上、多くの人が身の丈を超えたローンを組む状況の中で金利をどんどん上げれば、ローンの返済に行き詰まる人が急増するのは当然だ。

こうして「企業倒産」「失業者」「住宅ローン破産」が増える。金利が極端に上がることで、個人も企業も借り入れを控える。民間の経済活動は停滞し、景気は一気に冷え込むことになる。「失われた三〇年」と言われるが、超低金利時代があまりにも長く続いたため、日本のあらゆる経済活動は企業にしろ個人にしろ、「金利は、ほぼゼロ」を前提に成り立っている。先進国では、利上げは〇・二五％程度ずつ複数回行なうのが普通だが、日本でもし、このような「常識的な利上げ」を行なおうものなら、ショックが大きすぎて民間経済は一発でお陀仏《だぶつ》ということだ。

お陀仏になるのは民間経済だけではない。より深刻なのが公的部門（政府部門）だ。金利上昇は、債務が多いほどより深刻なダメージをもたらす。日本の財政は世界最悪レベルで、その債務残高は民間部門とは桁違《けたちが》いだ。

国債、借入金、政府短期証券を合計した「国の借金」は、二〇二四年三月末時点で一二九七兆円に達する。国民一人あたりに換算すると、一〇〇〇万円を超える巨額の借金だ。現在は金利がほぼゼロに抑え込まれているから政府の利払い負担も極めて低く抑えられているが、金利が少しでも上がれば残高が巨額なだけに利払い費は一気に増える。単純計算で、金利が五―六％になれば現在七〇兆円ほどの税収は利払い負担で吹き飛んでしまう。財政が破綻すれば、金利が五―六％程度で収まるとは考えにくいが、日本の場合、借金額があまりにも巨額なため、金利がほんの一―二％上がっただけで一〇兆円単位の利払い負担が発生する。日本の国家予算（一般会計）は一〇〇兆円強だから、一〇兆円というと国家予算の一割に相当し、財政運営への影響はあまりにも大きい。

国債の増発など、さらなる債務の積み上げを抜きには、もはやまともな予算を組むことはできない。長年の放漫財政のツケで、日本の財政は金利上昇への耐性が極めて弱くなってしまったのだ。公的部門についても、他の先進国が行なう「常識的な利上げ」は到底不可能な状況だ。

これらの状況から、日本は金利を上げるわけに行かず、何が何でも低く抑え込まなければならないのだ。金利を低位に抑え込む方法は、もちろん「日銀による金融政策」だ。短期金利を反映する政策金利は、それぞれの国や地域の中央銀行が決める。現在の日本の政策金利は〇・一％で、主要国の中でも際立って低い。一方、長期金利は債券市場での取引により決まる。通常、財政が悪化すると長期金利が敏感に反応する。金利上昇が、財政運営に対し警告を発するわけだ。警告を無視して野放図な財政運営を続ければ、やがて財政は破綻の時を迎える。ところが、日本はその「警告ランプ」を無視するどころか、警告自体を出ないようにしてしまった。日銀が、本来なら市場で決まるはずの長期金利を力づくで抑え込むタブーに踏み込んだのだ。

そのタブーこそが、ＹＣＣ（イールドカーブ・コントロール：長短金利をコントロールすること）だ。ＹＣＣとは、短期金利だけでなく長期金利にも誘導目標を設定し、その水準に誘導する金融緩和の枠組みだ。二〇一六年九月に導入され、長期金利の誘導目標は「ゼロ％程度」とされた。国債の大量発行により財政が著しく悪化すると、国債の価値が希薄化する。長期金利は主に一〇年物国債の利回りを示すから、国債価格が下落すると長期金利は上昇する。

たとえば、ある国の長期金利が以前は二％だったが、今は五％になっているとする。国債を発行する（つまりお金を借りる）政府としてはそれだけ利払い負担が増え、財政運営が苦しくなる。逆に、国債を買う（つまり政府にお金を貸す）投資家からすれば、「今のお宅（政府）の財政状態を見れば、とてもではないが金利二％でお金を貸すことはできない。五％はもらわないと」ということになる。これが、長期金利の「警告ランプ」ということだ。

しかし、日銀は政府が発行する国債を大量に購入することで長期金利を「ゼロ％程度」に抑え込んでいる。日銀のような資金力のある組織が国債を大量に購入すれば、当然国債価格は上がる。国債価格が上がれば長期金利は低下するというわけだ。二〇二四年三月末時点の日銀の国債保有額は五八九兆円にのぼり、国債発行残高の半分以上を日銀が保有する。「日銀による国債の爆買い・買占め」とも言うべき異常な状態だ。

その結果として債券市場の機能がすっかり損なわれたため、日銀は長期金利の上限水準を〇・二五％、〇・五％、一・〇％と徐々に引き上げて行った。二〇二三年一〇月には、長期金利の上限について一％をめどとし、一％超えを容認することとした。何ともわかりにくいが、要は「基本的に上限は一％だよ。ちょっとだけなら一％を超えてもいいけど」といったところだろう。

二〇二四年三月、日銀はついにＹＣＣの撤廃を決めた。しかし、当面は国債の買い入れ額を大きく減らさない方針を示しており、金利を異常な低水準に縛《しば》り付けていることに変わりはない。

新型コロナ感染拡大が落ち着き経済活動が徐々に正常化する中、消費は活発化し多くの商品・サービスの需要が拡大した。その一方でサプライチェーンの混乱はなかなか解消せず、半導体をはじめ様々な部品の供給が滞《とどこお》った。

こうなると、当然物価は上がる。アメリカをはじめ他の主要国は、軒並み利上げに動いた。世界的にインフレに拍車がかかり、コロナショック後にゼロ％近くに低下したアメリカの消費者物価指数は、二〇二二年六月には前年比九・一％の上昇となった。この急激なインフレを抑えるために、ＦＲＢは急ピッチな利上げを進めた。二〇二二年三月に政策金利を〇・二五％引き上げてゼロ金利政策を解除すると、五月に〇・五％、六月、七月、九月にはそれぞれ〇・七五％ずつと立て続けに政策金利を引き上げた。その後も金融引き締めの手綱《たづな》を緩めることはなく、アメリカの政策金利（ＦＦ金利誘導目標）は二〇二三年七月には五・二五―五・五％に達した。

かたや金利を上げられない日本はというと、政策金利は「無担保コール（翌日物）金利を〇―〇・一％程度に誘導」とされる。日米間には、かくも大きな金利差が存在する。

そうなると、「円キャリートレード」が活発化する。金利の低い通貨で資金を調達し、それを金利の高い通貨に換えて運用する取引を「キャリートレード」という。一般的に金利が高い国の通貨は、金利が低い国の通貨より上昇しやすい。銀行預金をはじめ、お金を運用する際には、金利の低い国の通貨より金利の高い国の通貨で運用しようと考える人が増える。逆に、お金を借りる際には金利の高い国の通貨より金利の低い国の通貨で資金調達したいという需要が高まる。その結果、低金利通貨が売られ、高金利通貨が買われやすくなる。

円キャリートレードの場合は、低金利の円が売られドルなど高金利通貨が買われるわけだ。投機筋も市場に加わることで、円安・ドル高の流れにますます拍車がかかる。

このように、新型コロナ禍を経て世界的に物価が上がったことで各国が大幅な利上げに動く一方で日本だけが利上げに動けず、大幅な金利差が生じた。その結果、円キャリートレードが活発化したことが、ここ二―三年の大幅な円安をもたらした理由だ。

円安が止まらない理由〈その2〉

貿易赤字も円安要因だ。貿易赤字は、輸出額よりも輸入額の方が多い状態だ。たとえば外国からモノを輸入する際、代金は外貨で支払うケースが多いため、輸入業者は円を外貨に換えなければならない。これが円売り圧力となり、円安を促す。二〇二二年には二〇兆三二九五億円と過去最大の貿易赤字を記録し、海外との金利差と同様、強力な円安圧力になったと見られる。

二〇二三年の貿易赤字は、前年の半分以下の九兆二九一四億円と大幅に改善した。原油など資源価格の下落により輸入額が七・〇％減少、一方、半導体不足の解消に伴い自動車の輸出が伸び輸出額が二・八％増加した結果だ。貿易収支が大幅に改善したのは事実だが、六七ページの図に示す近年の貿易収支の推移を見れば、赤字の水準自体は非常に大きいことがわかる。

一般に輸出企業にとっては円安は有利に働くから、貿易収支にプラスに作用する面がある。しかし近年、日本の産業構造は様変わりし、プラス効果が見込みにくくなっている。国内輸出企業の多くは、バブル崩壊後の景気の長期低迷に加え円高進行に耐えられなくなり、生産拠点を次々に海外に移して行った。その結果、円高によるダメージが緩和された一方で、円安がもたらすメリットも小さくなった。日本企業の海外生産比率が拡大した結果、円安が進んでも輸出数量は以前のようには増えなくなっているのだ。

貿易収支が赤字傾向で推移する一方、日本の経常収支は一九八一年以来四〇年以上、黒字を維持している。経常収支とは、貿易や投資などの経済取引により生じた収支を示す指標で、貿易収支、サービス収支、第一次所得収支などで構成される。

六七ページの図を見ればわかるように、かつては巨額の貿易黒字が経常黒字

日本の経常収支の推移

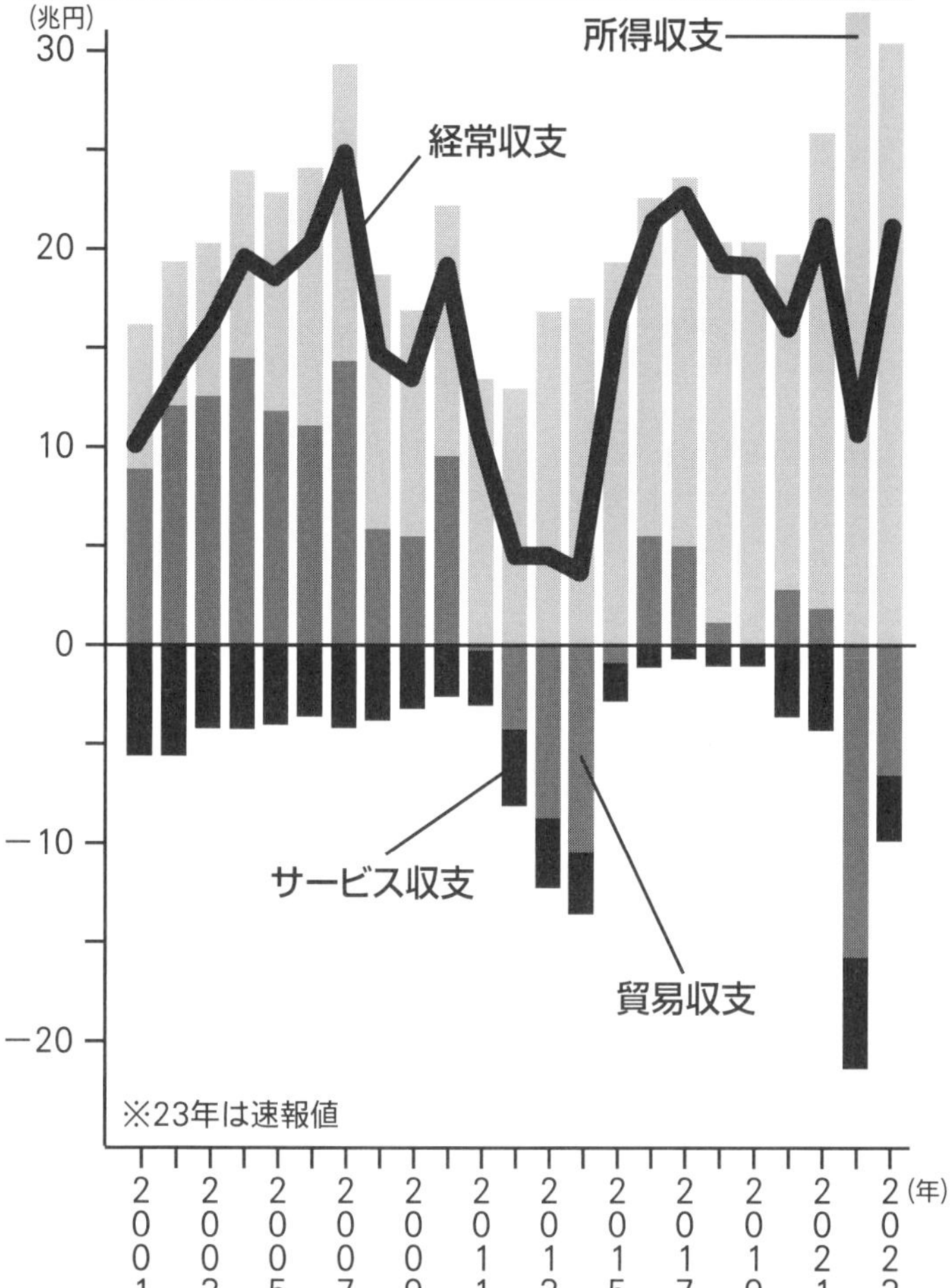
(兆円)
30
20
10
0
−10
−20
所得収支
経常収支
サービス収支
貿易収支
※23年は速報値
2001
2003
2005
2007
2009
2011
2013
2015
2017
2019
2021
2023
(年)

を支えていたが、現在、日本の経常黒字を支えているのは対外投資から生じる利子や配当金などの第一次所得収支の黒字だ。二〇〇五年以降、第一次所得収支の黒字が貿易黒字を上回る状態が続く。二〇二三年の経常黒字は二〇兆六二九五億円と、前年比で九二・五％の増加となった。やはり貿易赤字の縮小が大きく寄与した形だ。貿易赤字であっても経常収支が黒字であれば、円高要因になる。経常黒字の場合、ドルを日本国内で使用するためにドルを円に換える（つまりドル売り・円買い）必要があるためだ。経常収支の推移を見ると経常黒字は当分続きそうな状況で、この面では強力な円高要因に思えるかもしれない。

しかし経常黒字の中身を詳しく見てみると、経常黒字＝円高要因という単純な図式が成り立つとは言えない状況なのだ。この図式が成り立つには、ドルなどの海外で稼いだお金が日本に還流し、円に換えられることが条件になるが、実は日本に還流する海外の稼ぎは案外多くない可能性があるのだ。これについて、二〇二四年二月九日付の日本経済新聞は次のように報じている。

（前略）日本企業の海外子会社の配当金といった直接投資収益も二〇・六兆円の黒字を確保した。

日本に還元されている海外の稼ぎは見かけほど多くない可能性がある。国際収支統計では子会社が成長投資などのために海外に置いたままにした利益も、直接投資の利益として黒字に計上する。

直接投資を項目ごとにみると、海外子会社が内部留保として蓄える「再投資収益」が一〇・三兆円にのぼった。日本の親会社に支払われた「配当金・配分済み支店収益」の一〇・一兆円を上回った。

日本企業はリーマン・ショック後に円高が進んだ過程で、海外の稼ぎを海外での再投資に振り向ける動きを強めた。再投資収益は〇七年には一・八兆円だったが、一七年には五・五兆円まで増えた。足元はさらに拡大し、二一年以降は年一〇兆円前後で推移する。（後略）

（日本経済新聞　二〇二四年二月九日付）

二〇二三年の経常黒字のうち、第一次所得収支の黒字は三四兆五五七三億円であった。そのうち、日本企業の海外子会社が稼いだ利益を日本に還流させず、内部留保として海外に置いたままにした利益が一〇兆円強にのぼるということだ。当然、これらの資金は円に換える必要がない。これでは経常黒字が積み上がっても、強力な円高要因にはなり得ないということだ。

さらに長期的には、人口減少、少子高齢化の進展により経常収支の赤字転落も視野に入る。経常赤字はもちろん円安要因だ。経常赤字は所得の海外流出を意味し、巨額の政府債務を抱える日本にとって極めて重い意味を持つ。国内資金の不足から巨額の国債消化に疑念が生じ、日本の財政リスクが一気に高まる。そうなれば、「日本売り」により円安が一気に加速する可能性が高まる。

未曽有の超円安時代へ

この二、三年で、為替市場では劇的に円安が進んだ。ほんの数年前は一ドル

＝一〇〇円そこそこだったのが、いまや一六〇円超えだ。一般的に、先進国の為替相場というものは一方向に動き続けるものではない。上がりすぎれば下がり、下がりすぎれば上がるというように、行ったり来たりするものだ。日米という先進国の通貨による為替相場についても、これだけ急激かつ大幅な円安が進めば、円高への大幅な揺り戻しがあって然るべきだ。

しかし、その可能性は高くはない。あるとすれば、いわゆる「円キャリートレードの巻き戻し」くらいだろう。すでに述べたように、現在は円売り・ドル買いの円キャリートレードが活発に行なわれている。円よりはるかに金利の高いドルを買う方が有利だからだ。ところが、株の暴落や金融危機などが起きるとこの流れは逆回転する。投資家が株などあらゆるリスク資産から一斉に手を引き、現金化を急ぐからだ。

この流れは円キャリートレードにもおよび、それまで買われていたドルが売られ売られていた円が買われる結果、大幅な円高・ドル安になる。これが、円キャリートレードの巻き戻しだ。しかし、この流れも一過性のものに終わるだろう。円は長期的に見て、安くならざるを得ない状況にあるからだ。

詳しく説明しよう。まずは金利面だ。巨額の政府債務を抱える日本は金利をまともに上げることができない。それが他の国・地域との金利差を生み、最近の大幅な円安をもたらしたのはすでに述べた。

この状況は今後も続くのか？ それは、おそらくないだろう。というのも、今後も長期に亘り金利を上げないままにしておくことは、まず不可能だからだ。米中の対立や中東情勢、ウクライナ情勢など、特に新型コロナ以降、世界のあちらこちらで分断が進み、グローバル化が後退している。この流れは世界的にインフレ圧力を高める。また、地政学リスクが高まる中、現在は落ち着いている資源価格もいつ高騰しても不思議ではない。インフレ率が高まれば当然、各国は利上げに動く。その時、日本だけが利上げに動かなければ、金利差から円安が進む。円安は輸入物価を高騰させるため、国内のインフレに拍車をかける。インフレで生活が苦しくなった国民の不満は高まり、やがて批判の矛先が政府や日銀に向かう。いよいよインフレに歯止めがかからなくなれば、日銀も金利を上げざるを得なくなるわけだ。

日本の金利が上がれば、円高になるのでは？　と思うかもしれない。その可能性もあるが、ほぼ間違いなく一過性に終わる。キャリートレードの例を出すまでもなく、「金利が高い通貨が買われ、その通貨価値が上がる」という理屈は広く知られている。金利が高いドルが買われドル高になり、金利が低い円が売られ円安になるということだ。

しかし、それは短期的な話であり、長期的にはそうなるとは限らない。いや、むしろ逆になることの方が多いのだ。つまり「金利が高い通貨が売られてその価値が下がり、金利が低い通貨が買われてその価値が上がる」ということだ。

身近な例として、バブル崩壊後の円相場を思い出すといい。バブル崩壊後、日本は「失われた三〇年」とも言われる景気の長期低迷に陥り、超低金利の状態が続いた。それにも関わらず、ドル／円相場において円安は進行せず、むしろ円高基調で推移する局面が目立った。

なぜ、そうなるのか？　為替相場の変動要因は数えきれないほどあるが、こと長期の為替変動を決める大きな要素は金利差ではなく「物価格差」なのだ。

長期の為替変動には、二国間の物価を反映する傾向が見られる。たとえば、アメリカで一ドルの商品が日本で一〇〇円で売られているとする。すると、この商品のみの日米の物価を比較して得られる為替相場の適正水準は一ドル＝一〇〇円ということになる。その時、実際の為替レートが一ドル＝一二〇円だったら、「円が割安でドルが割高」と判断できる。実際の為替レートが一ドル＝八〇円だったら、「円が割高でドルが割安」と判断できるわけだ。

この為替相場の適正水準は、物価が変動すれば当然変わる。前述のアメリカで一ドル、日本では一〇〇円で売られていた商品を例にしよう。日本では一〇〇円で売られていたが、不景気で売れ行きが悪く八〇円に値下がりした。一方、アメリカでは一ドルのまま売られていたとする。すると、為替相場の適正水準は一ドル＝一〇〇円から一ドル＝八〇円に変化するわけだ。バブル崩壊後の日本の状況がまさにこれで、不景気かつ超低金利にも関わらず円高が進行した大きな要因は日本の物価下落、つまりデフレにあったと言える。

このような、二国間の物価の比較により為替相場の適正水準を計る考え方は「購買力平価説」と言われ、長期の為替相場はおおむね購買力平価の変動に沿って動く。七六～七七ページの図は、一九七三年一月から二〇二四年二月までのドル／円の購買力平価の推移を示す。この間、総じて日本よりもアメリカの方がインフレ率が高かったため、このような右肩下がりの円高に向かうグラフになっている。これを見ると、変動相場制移行後五〇年のドル／円相場は、全体として購買力平価の変動に沿って動いているのがわかる。中でも、企業物価の推移を示したラインを中心軸として変動しているのが見て取れる。

実勢相場は、しばしば円安・円高いずれの方向にも〝行きすぎる〟が、それでも輸出物価の購買力平価が円高の上限、消費者物価の購買力平価が円安の下限となり、中心軸である企業物価の購買力平価のラインに押し戻されて来た。

ところが、大幅な円安が進んだこの二―三年を見ると購買力平価と実勢相場との関係にかなり異変が見られる。七六～七七ページの図を見ると、実勢相場がこれまでの円安の下限となっていた消費者物価の購買力平価を大幅に上抜い

実勢相場の推移

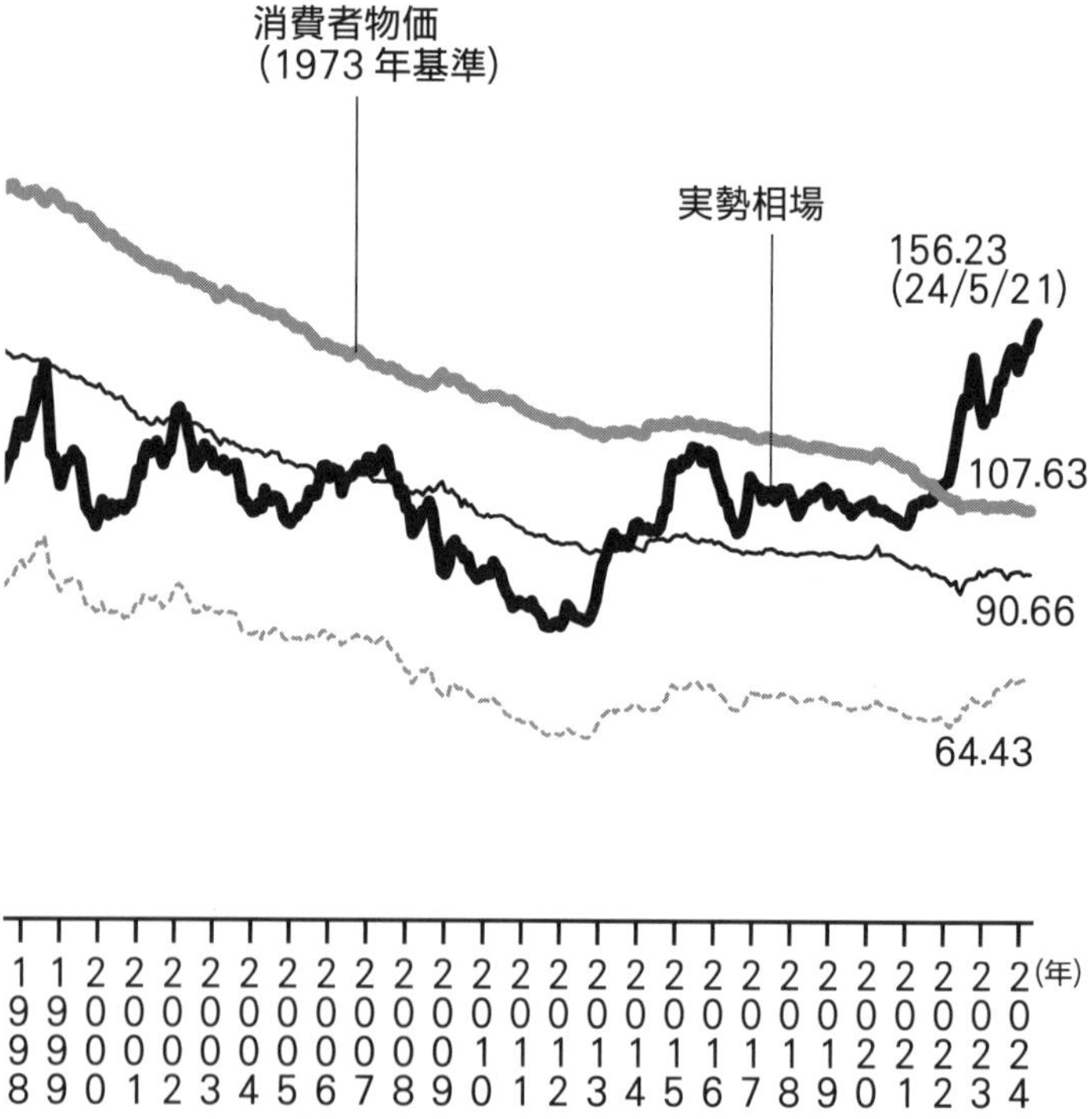

公益財団法人国際通貨研究所のデータを基に作成

ドル/円の購買力平価と

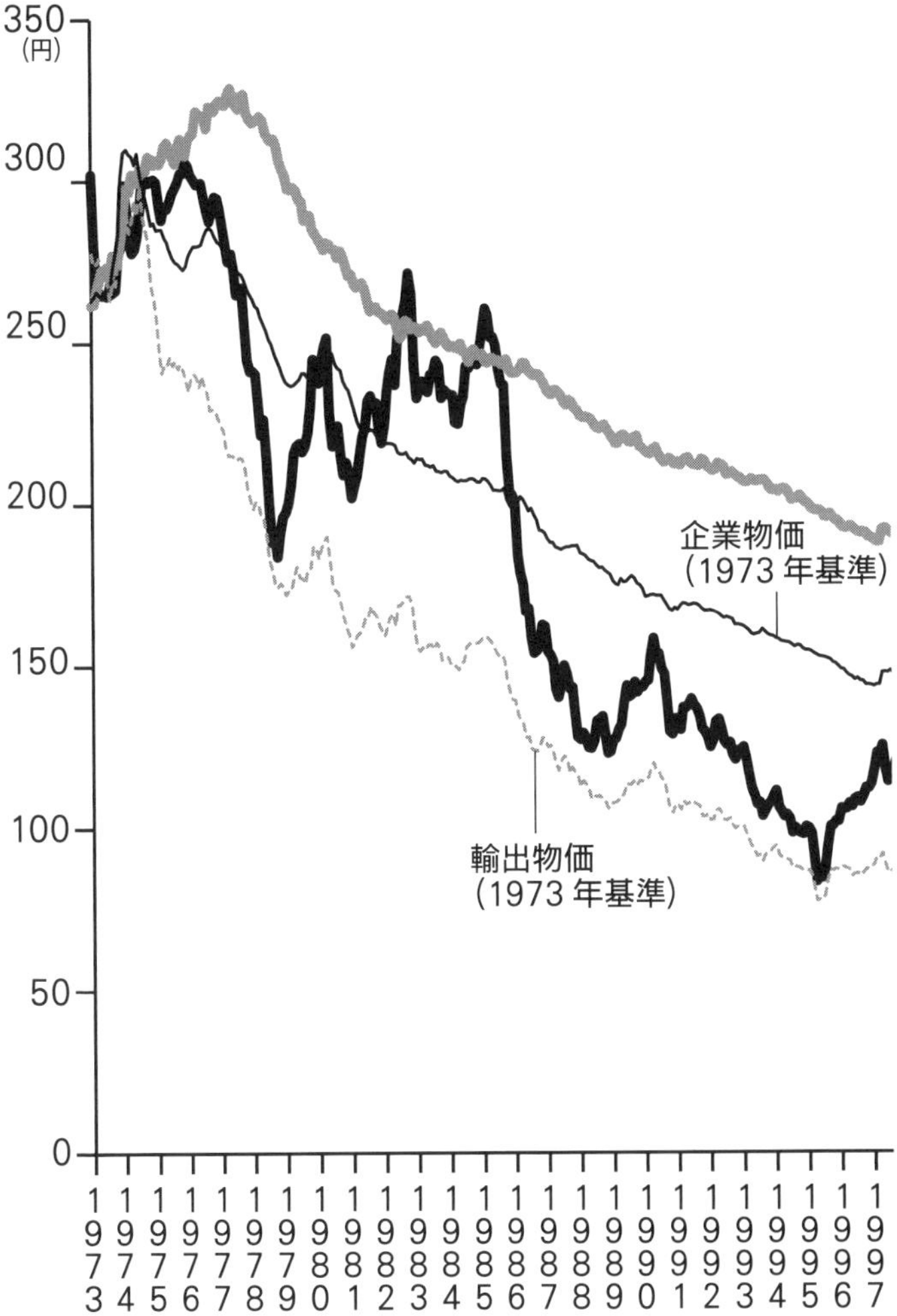
350
(円)
300
250
200
150
100
50
0
企業物価
(1973 年基準)
輸出物価
(1973 年基準)
1973
1974
1975
1976
1977
1978
1979
1980
1981
1982
1983
1984
1985
1986
1987
1988
1989
1990
1991
1992
1993
1994
1995
1996
1997

ているのが一目瞭然だ。直近二〇二四年四月の企業物価の購買力平価は九〇・六六円だ。またＯＥＣＤ（経済協力開発機構）が算出する購買力平価によれば、二〇二二年のドル／円相場の適正水準は一ドル＝九四・九円となっている。

いずれと比較しても、現行の実勢レートは購買力平価、つまり適正水準から六割以上も乖離しているわけだ。過去にここまで円安方向に乖離したことはなく、その点では異常値とも言える。今後も実勢レートが購買力平価による適正レートから際限なく乖離して行くことは非常に考えにくく、いずれ乖離は修正されると考えられる。

修正のルートは二つある。一つは、現在の円安・ドル高に振れすぎた相場が、購買力平価の水準まで戻るというものだ。もう一つは、日本のインフレ率上昇により購買力平価が円安方向にシフトすることで、実勢相場との乖離が縮小するというものだ。

短期的には、前者の円高方向への修正の動きはあり得る。ただし、それはおそらく限定的なものに留まるだろう。現在の一ドル＝一六〇円台という水準から、購買力平価が示す一〇〇円割れの水準まで円高が進む可能性は低いだろう。より可能性が高いのは、後者のルートだ。財政運営に失敗した国では、たいてい貨幣価値が損なわれ高インフレに見舞われる。世界最悪レベルの財政状態にある日本では今後、インフレ率上昇は避けて通れない。国家破産に至れば、年率一〇〇%を超えるようなハイパーインフレとなる可能性も十分ある。中長期的にはインフレ率の上昇から購買力平価による適正レートが円安方向にシフトすることで、現在の円安あるいはさらなる円安が許容される展開になる可能性が高いだろう。

インフレが進行した結果、たとえば日本の物価が二倍になったとしよう。理解しやすいようにアメリカの物価が変わらなかったとすると、現在一ドル＝一〇〇円弱の購買力平価は、一ドル＝二〇〇円弱になるということだ。すると一ドル＝一六〇円という現在の為替相場では円は割高となり、購買力平価に引っ張られるように実勢相場は、いずれ円安・ドル高方向にシフトして行くことになる。日本の物価が三倍になれば、購買力平価は一ドル＝三〇〇円弱になり、日本の物価が一〇倍になれば購買力平価は一ドル＝一〇〇〇円弱となる。それが「適正レート」ということだ。

大げさと思われるかもしれない。しかし、年率一〇〇％のインフレが四年も続けば物価は一六倍に高騰する。そして歴史を振り返れば、破産した国では年率一〇〇％をはるかに上回るインフレが発生した事例がいくつもある。

その意味では、国家破産必至の日本にとっては一ドル＝二〇〇円は通過点にすぎず、物価上昇と共にやがて二六〇―三六〇円と円安が進行する可能性が非常に高い。その水準で収まれば、むしろラッキーとさえ言えるかもしれない。

その頃には、円はかつての「金利が低いのに買われる通貨」から「どんなに金利が高くなっても買われない通貨」へと、すっかりその姿を変えているに違いない。

第三章

日経平均は再び四万円超え、そこから二万五〇〇〇円暴落

日経平均株価、史上最高値更新

二〇二四年二月二二日、この日、日経平均株価は三〇年以上にも亘る長い呪いからようやく解き放たれた。日本がバブルだった時代、一九八九年一二月二九日に記録したそれまでの最高値、三万八九一五円をついに超えたのである。二月二二日の終値は三万九〇九八円で、バブル時のザラ場での最高値（同じく一九八九年一二月二九日で三万八九五七円）も更新、ようやくバブル崩壊後の〝失われた×年〟という、いつまでも付きまとっていた〝亡霊〟を明確な数字をもって終わらせたのである。

そして、その後も株価上昇の勢いは衰えず、一ヵ月も経たない三月上旬には四万円の大台を超え、三月末には四万三六九円と、年初来でプラス二〇％の好成績を叩き出した。この年初来の上昇率は、同じ期間におけるアメリカの「S&P500」や「ニューヨークダウ」「ナスダック」の、どの指数よりも上で、アメリカに限らず他の先進国の中でナンバーワンの上昇率を記録している。

この日本株の大躍進は、経済の専門家にとって予想外のことであった。ほとんどの専門家は、二〇二四年に四万円超えどころか史上最高値更新でさえ予想できていなかったのである。

改めて振り返ってみると、日経平均株価が本格的な上昇を始めたのは、二〇一二年のことである。その年はまだ一万円割れであった日経平均株価は、二〇一二年末から始まったアベノミクス相場で急上昇し、その後現在に至るまで長期上昇相場を築いた。その一二年間ほどの上昇幅はなんと〝四倍以上〟と、目を見張る成長である。ここまで日経平均株価が上昇したのには、日銀の存在が大きい。時代を遡《さかのぼ》り、少し解説しておこう。

二〇一二年末からスタートしたアベノミクス相場は、当時一万円割れの状態であった日経平均株価を大きく押し上げた。特に、〝黒田バズーカ〟と呼ばれる計三回に亘る大胆な金融緩和策は強烈で、それに伴い日経平均株価の上昇は一段と弾みが付いた。結局、アベノミクスが終了する二〇二〇年九月には、日経

2012〜24年6月（月足）

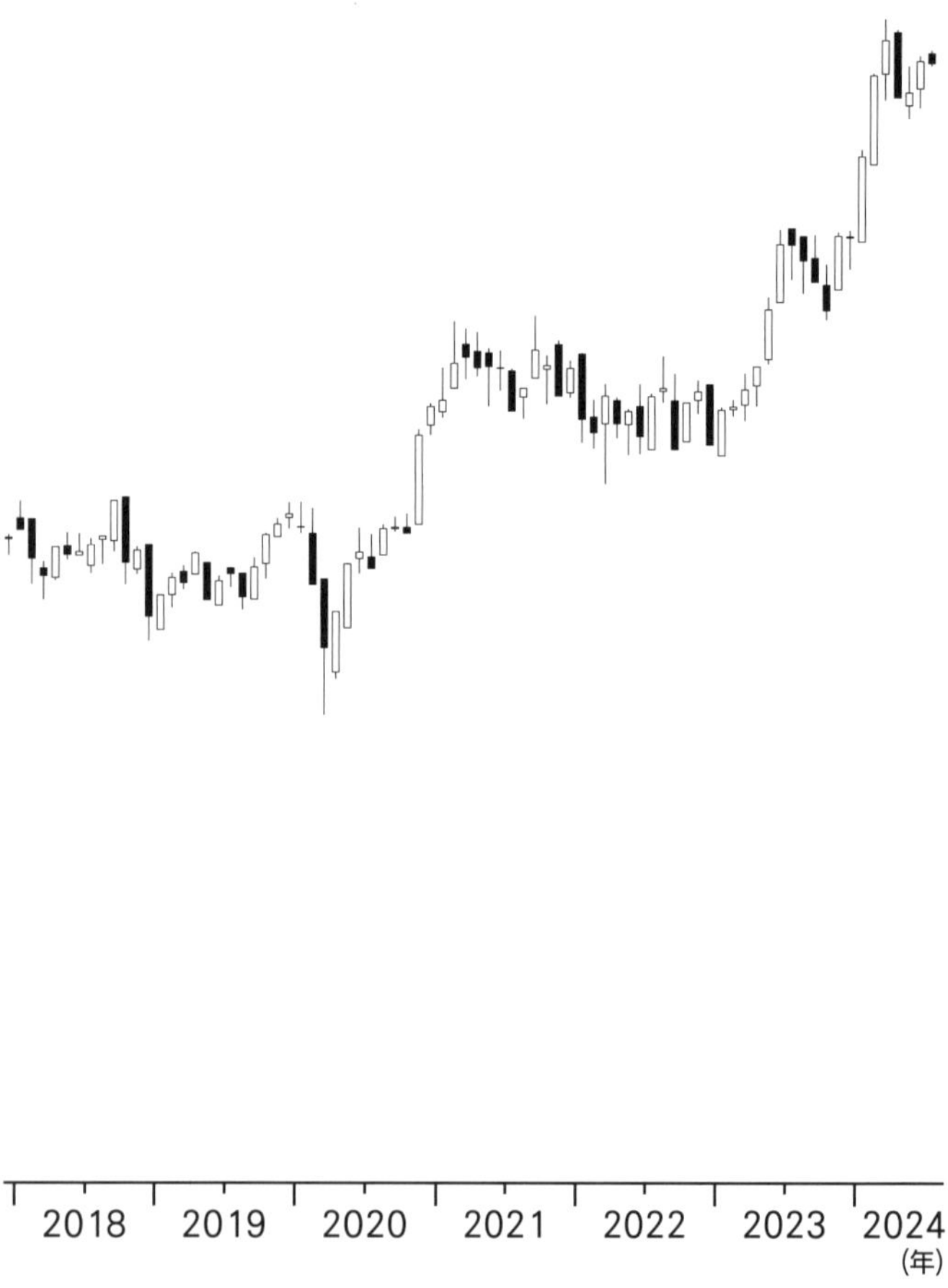

日経平均株価

45000
(円)
40000
35000
30000
25000
20000
15000
10000
5000
0
2012
2013
2014
2015
2016
2017

平均株価は二万三〇〇〇円台にまで突入していた。そして安倍政権が終わった後も、日経平均株価は上昇を続けた。

それは、日銀が金融緩和の手を緩めるどころかさらにその規模を拡大していたためである。その原因は、二〇二〇年二―三月に起きたコロナショックだ。せっかくそれまで順調であった日経平均株価は、そのショックで二万四〇〇〇円から一万六〇〇〇円台まで急降下している。慌てた日銀は、それまで購入していた日本株のＥＴＦ（日銀が購入したのは「ＴＯＰＩＸ」に連動したＥＴＦ）の上限を、年六兆円から年一二兆円に倍増させたのだ。

日銀による日本株のＥＴＦ購入が本格的に始まったのは二〇一一年からで、〝黒田バズーカ〟第二弾の二〇一四年一〇月からその規模が大きくなった。一〇年以上という長い年月が経ったため感覚がマヒしているかもしれないが、日銀による日本株のＥＴＦ購入は、かなりの異常な行動である。中央銀行が自国の株式を価格維持のために購入する行為はまさに禁じ手であり、主要国ではどこも行なっていない。

そのような〝異例中の異例の策〟を日銀は長年に亘って行ない、しかもコロナショック後には購入額を倍増させたのである。結果、日経平均株価は面白いほど上昇した。二〇二〇年三月に一万六〇〇〇円台を付けた日経平均株価は、そこから一年も経たない二〇二一年二月に三万円の大台に乗せたのである。

この二〇二〇年の一年間に日銀がＥＴＦを購入した額は、過去最高の七兆一三六六億円にのぼる。目を見張るほどの大規模な日銀によるＥＴＦ購入であったが、さすがに禁じ手をこれほどの規模で行なうことのバツの悪さを認識したのか、翌年二〇二一年は八七三四億円と購入額を大幅に落とした。そして、翌年二〇二二年はさらに購入額を下げ、二〇一一年以降で最も少ない六三〇九億円で収めた。この日銀のＥＴＦ購入額の縮小は、日経平均株価の動きに如実に表れており、二〇二一年と二〇二二年は横ばい、または下落に転じている。

この二〇一三年から二〇二〇年までの日本株の上昇は、様々な要因が絡んだとは言え、一番の要因は日銀の日本株買いであったと言える。

その日銀によるＥＴＦ購入が途切れたのは、二〇二三年のことである。公式に日銀がＥＴＦ購入の終了を宣言したのは二〇二四年になってからで、日銀による政策決定会合の結果が公表された三月一九日のことである。ただ、その前年の二〇二三年には、日銀はすでにＥＴＦ購入を行なっていなかった。それにも関わらず、日経平均株価は二〇二三年以降、大きく値上がりしている。

この上昇は、一体何を意味しているのか。実はこの上昇には、これからの日本の行く末についての重大な暗示が隠されている。

日経平均株価上昇の理由と重大な暗示

二〇二三年、二〇二四年の日経平均株価が上昇したのには、外国人投資家による日本株買いの存在が大きい。では、なぜ外国人が日本株を購入したのか。表向きの理由は、四つほど上げられる。

まず一つ目は、日本企業の再評価である。日本は、東京オリンピックの際に〝おもてなし〟が話題に上がったほどサービス精神が旺盛な国で、その質は極め

日銀によるETF購入額の推移

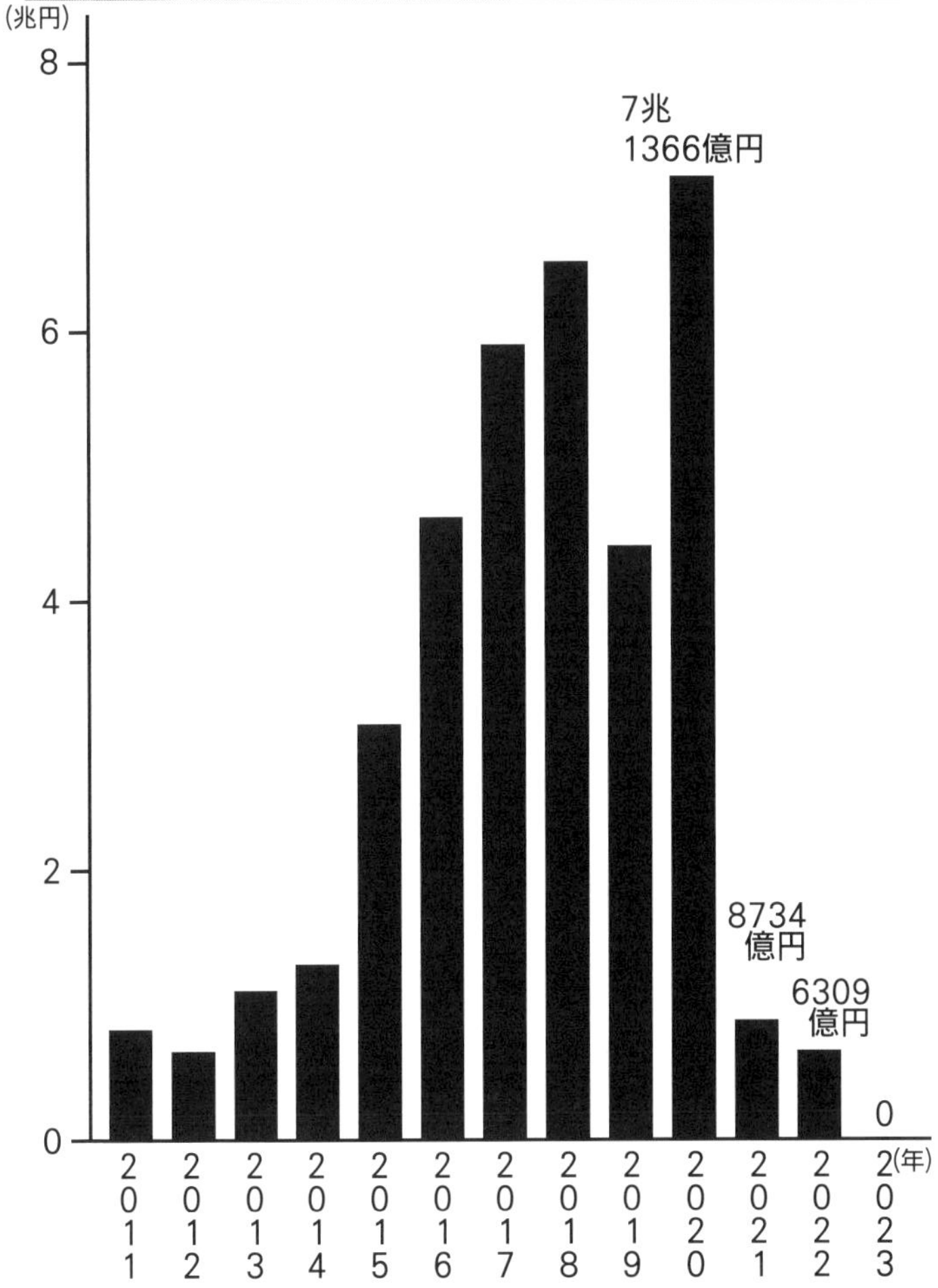

日本銀行のデータを基に作成

て高い。その至極《しごく》まともな日本企業の株式が割安なまま放置されており、それにスポットライトがあたったのである。

きっかけは二〇二三年四月、全世界が認める投資の神様ウォーレン・バフェット氏の訪日である。バフェット氏は以前より日本の五大商社の株を保有しており、その企業視察のため日本に訪れた。その視察後、保有している株式のさらなる買い増しを決めている。バフェット氏がそう決断したのは日本株が割安であったためで、それにより日本株の魅力が国内外で再認識されたのである。

二つ目の理由は、「インフレ」。そして三つ目の理由は「円安により輸出企業が好調な業績を出していること」である。先にインフレが深刻な状態になったのは欧米で、欧米はその対策として二〇二二年から本格的に「利上げ」を行なった。それに遅れて、二〇二二年頃から日本にもインフレがやって来た。食料品や日常品、その他すべてのものが値上がりしている。それにも関わらず、日本は二〇二四年三月まで金利を一切上げずに、先進国唯一のマイナス金利をこのインフレ下において長期間継続していた。それによって起きたことは円安であり、輸出企業にとっては予想外の好決算に沸いた。「インフレ」と「円安」、いずれも日本株にとって大きなプラス材料に働いたのである。

四つ目の理由は、「中国離れ」である。中国株はこの近年、さえない動きが続いており、上海総合指数は二〇二二年マイナス一五・一%、そして世界全体では比較的株が好調であった二〇二三年もマイナス三・七%と、残念な結果となっている。他にも不動産市場は完全に崩れており、一九九〇年代のバブル崩壊後の日本に様相《ようそう》が似て来ており、デフレ懸念が漂っている。そのため、中国に投資を行なって来た外国人投資家が魅力の乏しい中国から逃げ出し、その資金を日本の投資に充てているのである。それだけではなく、中国に住む中国人でさえ中国投資をやめて日本株へ投資を始めたのだ。それが如実に表れたのは二〇二四年初めのことで、中国で購入できる日本株のＥＴＦに資金が集中し、一時は元の日本の株式指数と大幅に乖離して急騰し、あまりの上昇幅にしばらく売買が停止されたほどである。

このように、外国人投資家を中心に日本株買いが起きているわけで、それによって日本株が上昇しているのだ。

しかし、ここで紹介したのはあくまでも新聞、テレビなどでも入手できる表面上の理由である。実はこの上昇には、もっと根源的なこれからの日本の行く末を知る上での重大な事実が隠されている。新聞、雑誌ではそのような話は決して出て来ないが、実は今回の株高の真の原因は〝円の劣化〟であり、〝国家破産の前兆〟であるということだ。そして、まったく同じことが今から一〇〇年前のドイツで起こっているのである。

ドイツには、かつて「ライヒスバンク」(ドイツ帝国銀行)という中央銀行が存在した。一八六七年に誕生したその銀行が発行する銀行券が、一九〇九年に法定貨幣となった。そして翌年一九一〇年一月一日、その貨幣は強制通用力を持った。つまり現在、日銀が発行する日銀券が円として使われているのと同じ構造になったわけである。そこからライヒスバンクは、ドイツの帝国主義戦争の資金調達先としての役割を務めることになる。

ライヒスバンクが紙幣を大量に刷り始めたのは、一九一四年のことだ。第一

上海総合指数の推移

	上海総合指数 (単位：ポイント)	年間騰落率 (単位：%)
2004年末	1,266.50	
2005年末	1,161.06	−8.33
2006年末	2,675.47	130.43
2007年末	5,261.56	96.66
2008年末	1,820.81	−65.39
2009年末	3,277.14	79.98
2010年末	2,808.08	−14.31
2011年末	2,199.42	−21.68
2012年末	2,269.13	3.17
2013年末	2,115.98	−6.75
2014年末	3,234.68	52.87
2015年末	3,539.18	9.41
2016年末	3,103.64	−12.31
2017年末	3,307.17	6.56
2018年末	2,493.90	−24.59
2019年末	3,050.12	22.30
2020年末	3,473.07	13.87
2021年末	3,639.78	4.80
2022年末	3,089.26	−15.13
2023年末	2,974.93	−3.70

次世界大戦の戦費調達のためパピエルマルク（紙のマルク）と呼ばれる紙幣を大量に発行したのである。ドイツは、第一次世界大戦の戦費調達を課税ではなくそのほとんどを借金で対処しており、ひたすら紙幣を刷るべく輪転機を回し続けたのである。その結果、一九一四―一八年の間、国際相場におけるドイツの通貨マルクの価値は半分になっている。

かなりの通貨安、つまりインフレに見舞われているわけだが、ドイツ国民にとってこのインフレは、当初好ましい存在であった。通貨価値が下落したことで輸出企業が潤い、企業倒産は減少、失業率も低下し経済が活性化したのである。インフレ対策として株式にも注目が集まり株価は上昇、不思議なことに景気が良くなった。もちろん、見かけ上のことなのだが、ドイツ国民にとって非常に心地が良い時期が続いた。

このようなぬるま湯に浸《つ》かりながら、ドイツ国民の誰もがドイツマルクの価値が落ちているという本質に気付かなかったのである。国民の間には、この心地の良いインフレはドルの価値上昇によるものという認識があり、誰もその先の未来を憂えることをしなかったのである。壮大な勘違いだ。

大戦が後半になると、情報統制が強化され国民の耳には必要な情報が入らなくなった。ドイツ国内の株式市場は閉鎖され、為替相場も公表されなくなると、通貨価値がどのようになっているのか、国民は知りようがなくなった。インフレは年々ひどくなったが、それが戦時中の一時的な異常事態なのか、それとも根本的な問題を抱えている永続的な事態なのか、国民が判断する術はなかったのだ。そして敗戦を迎え、経済が壊滅的な状態に陥っていることを知ったドイツ国民は、あまりに突然の出来事に茫然《ぼうぜん》とするのである。

現在日本で起きていることは、第一次世界大戦中のドイツで起きたこととまったく同じであると言ってよい。一〇〇年前のドイツでは、戦費調達をすべて国の借金で行なったことで中央銀行が輪転機を回してお札を刷り続けた。今の日本は、戦費調達ではないが国の借金である国債を日銀が無尽蔵《むじんぞう》に引き受けて、日銀の当座預金（民間の金融機関が日銀に預けている預金で、市場にいつでも流通可能な資金）をぱんぱんに膨らませている。ドイツではそれによって通貨安が起き、インフレが発生した。そのインフレにより株価は上昇し、ドイツ国民は当初心地良いインフレと感じ、株価は上昇、ドイツ経済が良くなっていると勘違いした。一方で、日本でも昨今円安が進み、インフレが発生している。そして今回のように日経平均株価が史上最高値を更新する株高が発生しており、日本経済の調子が良くなっているように錯覚しそうな状態である。

いかがであろうか。今回、日経平均株価が史上最高値を更新し四万円超えをしたことで日本中が手放しに喜んでいるが、その根源にある「円の劣化」という重大なポイントを私たちはきちんと認識しておく必要がある。ドイツは「マルクの劣化」の末、その数年後に「恐怖のハイパーインフレ」が訪れたわけで、日本も同じ道をたどる可能性が高いのだ。

近付く大暴落の足音。どん底は二〇二五年

「円の劣化」が続く中で、国が借金のカタに次から次へと発行する国債をこれ

また日銀が無尽蔵に吸収して行く構造は、二〇二四年三月一九日の日銀による利上げの前と後とでまったく変わっていない。

日銀がこれまで国債を購入して来た一番の理由は、「ＹＣＣ」により長期金利を低く抑えるためであった。本音ではどのように考えていたかは不明だが、少なくとも建前上の理由はこれである。そして、三月一九日の日銀の政策決定会合では、「ＹＣＣ」が明確に撤廃された。それにも関わらず、日銀の国債購入については、「これまでと概《おおむ》ね同程度の金額で長期国債の買い入れを継続する」と発表された。しかも、長期金利が急激に上昇する場合には、買い入れ額の増額など必要な処置を機動的に実施するというのである。

なんともあきれた話だ。「ＹＣＣ」という理由がないのに、日銀は国債を今までと同じ金額、またはそれ以上の金額で購入し続けると言い切っているのである。「日銀の出口戦略」と世間では騒がれているが、それが名ばかりであることは明らかで、これまでとまったく変わらず日銀による国債購入は続くのだ。したがって円の劣化は止まらず、さらに加速することも考えられるのだ。

では、このまま「円の劣化」と共に日経平均株価は上昇を続けるのだろうか。しばらくその傾向が続き、日経平均株価がさらなる高値を目指す可能性は確かにある。ただ、今回の上昇の幅とスピードを考えると、一度大きな調整を迎えても不思議はない。

ここで、決して見過ごすことができない歴史のパターン性にも気を付けた方がよい。そのパターンでは、二〇二五年が特に要注意ポイントである。それは、「歴史の四〇年パターン」というものだ。

実は、歴史を振り返ると近現代の日本において、四〇年ごとの驚くべき周期性が見てとれる。スタートは一八五三―六八年の幕末から明治維新にかけてである。この時は坂本龍馬や西郷隆盛、吉田松陰、高杉晋作、勝海舟、大久保利通、新選組など、幕末に活躍した誰もが知る歴史上のスーパースターが綺《き》羅《ら》星《ほし》のごとく現れた時代で、なんとなく明るいイメージがあるかもしれない。

しかし、実態はまったく異なる。「明治維新」という言葉自体、明治政府によって後から作られたもので、当時の庶民は江戸幕府が崩壊しこれまでの生活がすべて壊れたという意味で〝瓦解《がかい》〟と呼んでいたのである。日本のすべてが崩れ去り一旦ゼロに戻ったのが、幕末から明治維新にかけての一八五三―一六八年である。ここが日本のどん底で、逆に次の時代のスタート地点でもある。

本当のどん底は明治維新の数年前の一八六五年頃だが、そこから明治維新、西南戦争を経て、日本は近代化の坂道を一気に駆け上がって行く。江戸時代にずっと鎖国をしていたことで大きな差が付いていた欧米列強をひたすら追いかけた時代である。そして、そのピークが一九〇五年の日露戦争の勝利だ。大国ロシアに対して一歩も引かず、それどころか辛うじてではあるが見事勝利をつかんだのである。これは、日本が欧米諸国に追い付いたわけではないが、周回遅れとは言え肉薄しつつあったことを意味し、この短期間で近代化に成功した証だった。この間、四〇年である。

日清戦争、日露戦争と二つの戦争に勝利した日本は、そこで慢心してしまう。そこから待ち受けていたのは、転落の四〇年であった。日本はそれまで他国からの侵略戦争に負けたことがなく、植民地にもなったことがない。古くは鎌倉

80年）パターンで動いている

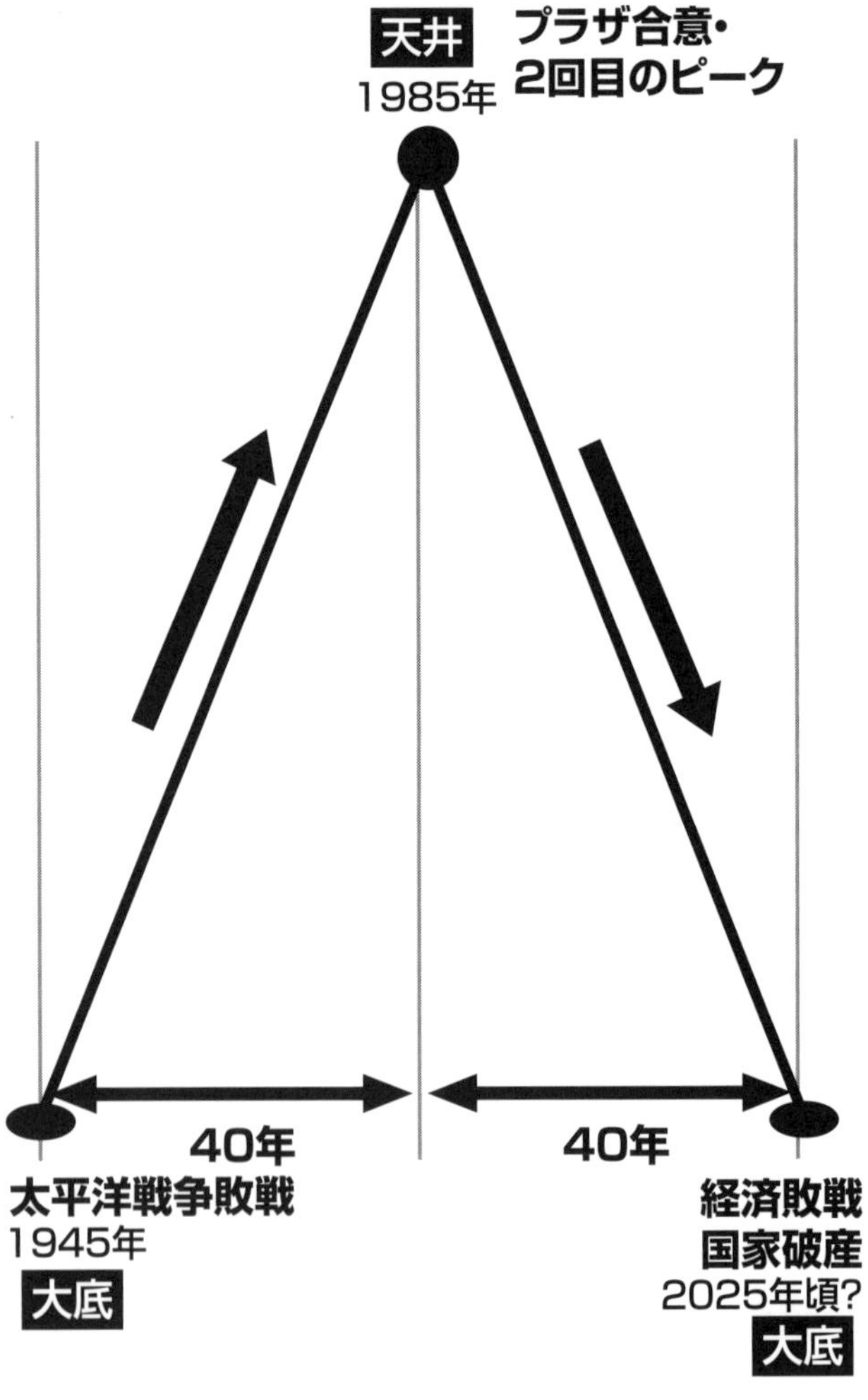

近現代日本は40年（または

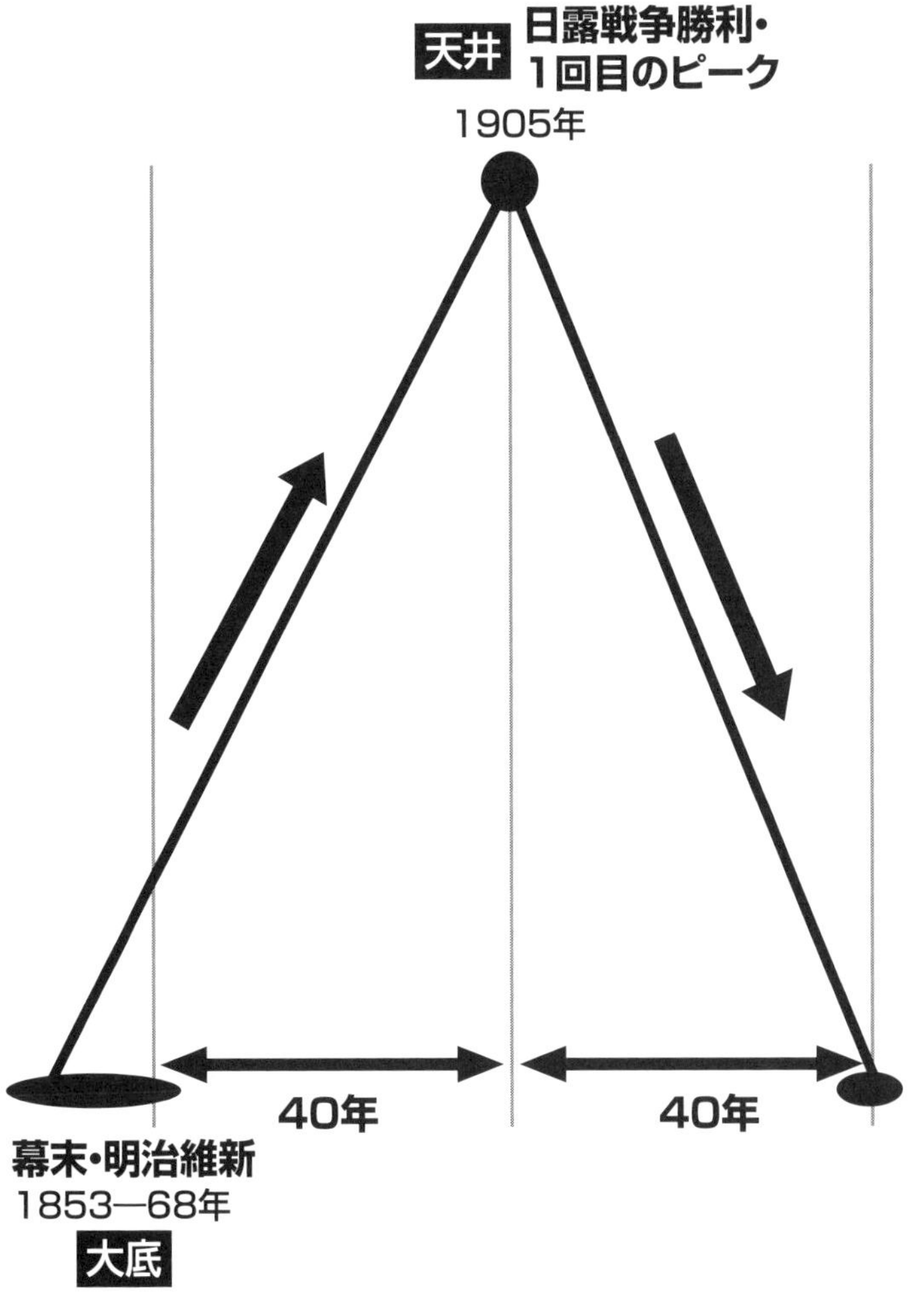

時代の「元寇」であり、二度に亘ってモンゴル帝国の侵攻を退けた。世界が大航海時代と呼ばれ、欧州の列強諸国が世界へ植民地獲得に乗り出した時、日本は戦国時代の末期であり、その時に日本は鉄砲の数が世界一と呼ばれるほどの強者の立場で、列強と対等の関係を築いている。そして、極め付けが先ほどの日清戦争と日露戦争の勝利である。これにより当時の軍部は、「戦争をすれば日本は勝てる」「日本は他国に侵略されることはない」と完全に慢心してしまい、挙句の果てに暴走。その結果、一九四五年の太平洋戦争の敗戦を迎えた。一九〇五年からちょうど四〇年後に、再びどん底を迎えたのである。

敗戦国となり、江戸幕府が瓦解した時と同じようにすべてを失ってゼロに戻った日本は、そこから再び欧米を追いかけた。そして、〝東洋の奇跡〟と呼ばれるほどの発展を果たす。日本株の天井は確かに一九八九年末であるが、戦後から四〇年経った一九八五年に日本はすでにピークに到達していた。

その年に起きたのが、ニューヨークのプラザホテルで行なわれた「プラザ合意」である。あまりに日本の力が強くアメリカと深刻な貿易摩擦を起こしていたことから、円のレートが対ドルで大きく切り上げられることになった。それにより日本では物価と賃金がマイナスへと落ち込み、貿易では競争力を失うことになる。多くの産業は一九八五年を境に急速に落ち込み、日本はバブルという余韻の時代を経て、てっぺんから転げ落ちたのである。

この四〇年パターンで行くと、日本が次のどん底を経験するのは、一九八五年から四〇年後の二〇二五年である。ここで日本は第二の敗戦を迎え、再びすべてを失い〝ゼロの状態に戻る〟可能性がある。

台湾有事と南海トラフ地震で日経平均は二万五〇〇〇円以上暴落

四〇年パターン通りにコトが進むとして、二〇二五年に起きる重大な出来事は何かを考えると、それは「台湾有事」か「巨大天災」である可能性が高い。

二〇二二年二月のロシアによるウクライナ侵攻や、二〇二三年一〇月のパレスチナ自治区武装勢力ハマスによるイスラエルへの奇襲攻撃を見ると、戦争はある日突然始まる可能性がある。だから「台湾有事もいつかは予想できない」と考えるのは早計である。このような戦争は、表面上はある日突然起こったかのように見えるが、実は裏では前哨戦《ぜんしょう》や兆候のようなものが必ずあるのだ。

ウクライナ侵攻の前の二〇二二年一月、ウクライナに対してかなりの数のサイバー攻撃がロシアによって行なわれていたとされている。そのサイバー攻撃は侵攻時の二月二四日にも見られ、翌日二五日には「ゼレンスキー大統領が（首都）キエフから逃亡した」というフェイクニュースが流され、瞬く間にネットの空間に拡散された。それを〝火消し〟したのは当のゼレンスキー大統領で、二五日の深夜に自前のスマートフォンで「私はキエフにいる」と撮影した動画をユーチューブやフェイスブックに配信している。いまや、戦争は単なる武力行使だけではなく、情報戦がかなり重要な要素を占める。

次にハマスによるイスラエルへの奇襲攻撃は、その攻撃の性質から前哨戦はなかった。ただ、イスラエル側はこの攻撃計画を、なんと一年前から把握していたという。二〇二三年一〇月に起きた襲撃とかなり近似した具体的な作戦の手順が書かれた文書を、イスラエルは入手していたのである。文書はイスラエル軍の幹部の間で共有されたが、ハマスの軍事能力を過少評価し「実現性が低い」と結論付け、何も対策を講じなかったというのである。結果、イスラエルは多くの犠牲者を出すことになった。

では、台湾有事においてこのような前哨戦や兆候は見られるのかと言えば、注意深く見ていれば必ずわかるはずである。まず、前哨戦ではロシアがウクライナに仕かけたような情報戦が繰り広げられる。中国共産党により、台湾を標的にしたサイバー攻撃やフェイクニュースの拡散が近年続いている。さらに物理的な情報のシャットアウトを狙ってか、台湾の海底ケーブルが何度か切られる事態が発生している。最近では二〇二三年二月の二日と同じく八日の二件で、いずれも中国籍の漁船や貨物船が切断している。

また台湾有事の具体的な計画については、二〇二三年一月に米空軍のマイク・ミニハン司令官が「二〇二五年に中国と戦う予感がする」と発言し、台湾有事の準備を急ぐように指示しているという。これがアメリカからの情報であるため、「二〇二五年 台湾有事」というフレーズが一気に現実味を増す。というのも、アメリカの情報網は正確性がかなり高く、二〇二二年二月より少し前に「ロシアがウクライナへ侵攻する」と言っていたほどである。

他にもこの二〇二五年という年を懸念する声がある。当事者である台湾の邱国正《チウクオチョン》国防部長（国防相）が二〇二一年一〇月に「中国はすでに台湾に侵攻する能力はある」と発言し、それでも時期尚早《じきしょうそう》であると語った。その上で、「中国は二〇二五年には陸・海・空と全面的に台湾に侵攻できる能力を持つ」と語っているのである。二〇二五年に台湾有事が起きても何の不思議もないのだ。

もう一つの巨大天災は、最近第二海援隊から刊行した『2025年7の月に起きること』（浅井隆監修 神薙慧著）に詳しく解説されているので、詳細はそちらで確認してほしい。ここで触れておきたいことは、二〇二五年はいくつかの符号が不思議と一致する年であり、南海トラフ地震、首都直下型地震、富士山噴火、巨大津波などの巨大天災に備えるべき年だということだ。

台湾有事や巨大天災が発生すれば、それまで堅調《けんちょう》だった日経平均株価が大暴落することは容易に考えられる。暴落幅は、有事の種類や規模によるだろうが、ひとまず四万円前後の水準であれば二万五〇〇〇円という大暴落を覚悟しておいてほしい。もっとも、相場がさらに盛り上がって日経平均株価が今よりも大きく上昇している状態であれば、二万五〇〇〇円よりさらに大きな値幅の暴落が見られるだろう。

相場には「半値八掛け二割引」という格言があり、これは大暴落が起きた時の大底の値を探る目安となる。相場のピークの金額を半分（半値）にして、それを〇・八倍（八掛け）、さらに〇・八倍（二割引）で、最初の高値から三分の一ほどが大底の目安というわけである。今回起きるであろう大暴落では、それより少し上の水準で止まることを想定したものである。

〝BUY　JAPANESE〟（日本株を買おう）

〝Buy American. I Am.〟（米国株を買おう。私は買っている）

これは、二〇〇八年一〇月一六日のニューヨーク・タイムズ誌に掲載された記事のタイトルだ。寄稿したのは投資の神様、ウォーレン・バフェット氏である。この時、米リーマン・ブラザーズの破綻から始まった二〇〇八年金融危機の真っ只中で、誰もが株を投げ売りし株価がどんどん値下がり、株なんかもう見たくもないと〝恐怖〟していた時期である。

その時にバフェット氏は、だからこそ「米国株を買いなさい。私は買っているよ」とアメリカ全土にメッセージを飛ばしているのである。バフェット氏がこの時購入して有名になったのはゴールドマン・サックスの株で、七五億ドル規模の増資に対してその半分以上の五〇億ドルの優先株を購入している。それによりバフェット氏は、のちに巨額の利益を見事に得たのである。

バフェット氏の名言に、「他人が貪欲になっている時に恐れ、他人が恐れている時に貪欲になれ」という投資のアドバイスがある。これは、一九八六年の「株主への手紙」に記載されたもので、他人が株を恐れて投げ売りし、大暴落している時にこそ株を買えという意味である。このアドバイスを一九八七年一〇月のブラックマンデーの前年にしている点に、〝投資の神様〟と呼ばれるバフェット氏のすごみが滲《にじ》み出ている。そして二〇〇八年の金融危機では、ちょうどその危機の最中に同じアドバイスをしているわけだ。

バフェット氏がこのようなアドバイスを行なうには、明確な根拠がある。それは、長期間で見ると株式は必ず上がっているからだ。短期で見れば株は上下を繰り返しているため、明日株が上がるかと言えば確証はない。一週間後でも一ヵ月後でも、あるいは一年後でも株が上がっている保証はない。ただ、それが長期になり五年後、一〇年後、二〇年後と長くなればなるほど上昇している確率が高まる。これまで米国株は、長い目で上昇を続けて来たのだ。なぜなら、アメリカはこれまで〝インフレ〟だったからである。だから、一時的に大きく下落するようなことがあれば、そこは株を購入する絶好の機会だったのである。

そして、これは日本株にもあてはまることだ。二〇二四年二月二二日に日経平均株価は史上最高値を更新している。この要因は前述の通りであるが、一番は円が劣化したことにより円安、そしてインフレが生じたことである。歴史を

5月～2024年6月）

日経平均株価（1949年

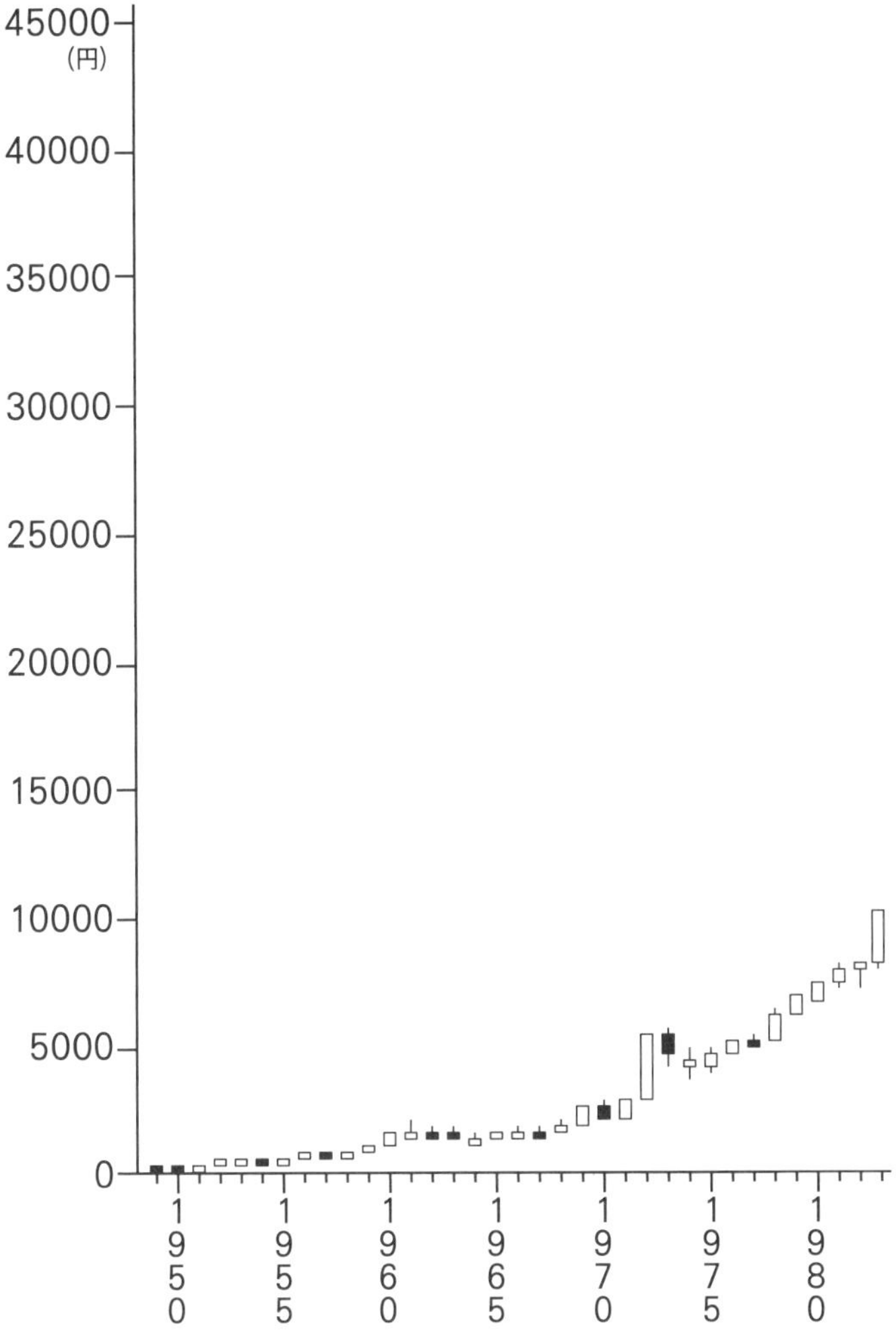

振り返って見ると、インフレの環境であれば、株は長い目では必ず上昇しているのである。

つまり、二〇二五年に日経平均株価が二万五〇〇〇円の大暴落を見せれば、それは歴史的な買い場だということだ。その時は、恐れずに目一杯買っても構わない。その後、第一次世界大戦後のドイツのようなハイパーインフレの状態になるのであれば、株は天まで吹き上がるだろう。

重要なことなので繰り返しておくと、「日本が極端なインフレになれば、日本株は買い」である。これはバフェット氏とは対極にいるはずの著名投資家ヘイマン・キャピタル・マネジメントのヘッジファンド・マネージャーであるカイル・バス氏も同じ考えである。

バス氏は、バフェット氏とは異なり〝逆張り〟を得意とする売りに特化した投資家である。かねてから日本経済の破綻を警告し、日本の売りを狙う投資家だ。そのバス氏が、日本円の対ドル相場と日本株について「五〇〇円になることとはないかもしれないが、想定以上に急落することはあり得る」とし、「一ドル

＝三五〇円になって債務がなくなった時（インフレによって債務がチャラになった時）、日本（株）は買いだ」という考えを披露している。売りに特化した投資家が日本株は買いと言うのは、実に珍しい。

二〇二五年に、日経平均株価は大暴落するかもしれない。そしてその後、極端なインフレがやって来るかもしれない。それでも、私たち日本人が悲観する必要はまったくない。そういった時こそ、日本株を購入する絶好のチャンスなのだから。まもなく、歴史的な日本株の買い場が出現しようとしているのだ。

第四章　国債格下げでトヨタでさえパニック

——日本国が破産する日

いよいよ転落の坂を下り始めた「日本国債」

二〇二二年一二月二〇日、日本国債に大きな転機が訪れた。この日、日銀は金融政策決定会合で、突如としてイールドカーブ・コントロールの変動幅拡大を発表したのだ。金融市場には、大きな衝撃が走った。

ちょうど株式市場が昼休みの時間にこの発表がなされると、日経平均先物をはじめとした先物市場は急激に反応、それを受けて後場（証券取引所の午後の取引時間）は株価急落という大荒れの展開となった。

いわゆる「日銀ショック」と呼ばれたこの混乱は、この日だけでは終わらず影響は年を明けて二月頃にまでおよんだ。これほどまでに引きずったのは、この突然の政策変更がなかば「海外勢による日本売りに対する日銀の白旗」ともとらえられるものだったからだ。

どういうことか。ざっと時系列を追ってみよう。二〇二二年、世界は急速なインフレに見舞われ、主要先進国では次々に利上げが行なわれていた。しかし先進国では唯一、日本だけが低金利政策を維持していた。アベノミクス以降、デフレ対策としての超低金利政策が恒常化していた日本でも、二〇二一年以降は物価上昇が本格的な動きになりつつあった。しかし、海外に比べまだ本格的な動きになっていなかったことや、さらに物価に見合った賃金上昇も起きていなかったこともあり、政府・日銀は「まだ本格的なインフレには程遠い」として金融政策を現状維持に据《す》え置いた。

しかし、海外の金融関係者たちはそうは考えなかった。「日本国債は、政府と日銀の思惑によって維持不能な割高水準に貼り付けられている」——海外投機筋は、日本国債にターゲットを絞って売り崩しにかかった。春から初夏にかけて彼らの売り攻勢は熾烈を極め、国債市場ではたびたびサーキットブレーカーが発動された。日銀は低金利を維持するため、ひたすらに「防戦の国債買い」を行なった。この攻防はあまり大きなニュースとしては報じられなかったものの、実は日本国債に大きな転換点をもたらす圧力となった。六月単月での日銀の国債購入額は、月間で過去最高となる一六兆円超にものぼった。

しかし、大量の資金投下によって、この攻防は日銀に軍配が上がった。日本の長期金利は、一時的にせよYCCの当時の上限であった〇・二五％を超え、〇・五％に迫ろうかという水準になった。しかし日銀の買い支えによって、なんとか低水準を維持することに成功したのである。

しかし、この攻防は続きがあった。秋になると、主戦場が日本国債から外国為替市場へと飛び火したのだ。二〇二二年初時点で一一五円近辺だったドル／円は、国債売り浴びせの攻防戦で一三〇円台にまで下落していたが、九月に入ると一四〇円台に突入し、そして一〇月二〇日にはついに一五〇円の大台に乗せたのだ。

為替の急落は、食糧やエネルギーを輸入に頼る日本にとって物価の安定を脅《おびや》かされる危険なものである。日銀は、春に続いて再び防戦を余儀なくされた。為替介入を行ない、円高への誘導を試みたのである。

しかし、合計三回に亘って総額九・二兆円という巨額のドル売り、円買いを実施したものの、ドル／円は一三五円近辺までしか押し返せず、「春の国債攻防戦」と比べるとはかばかしい結果を上げることはできなかった。

こうした流れの中で起きたのが、暮れも押し迫った一二月二〇日の「日銀ショック」である。金利の変動上限を「〇・二五％」から「〇・五％」に拡大するとしたこの政策変更は、国債価格の面でとらえれば「価格下落を一定範囲まで容認する」、すなわち一定範囲までは買い支えないという意味である。つまり、この一年の海外勢の国債売り、円売り圧力になかば屈したような形になったのだ。

結局、この発表は海外勢による日本国債売りを勢い付かせることになってしまった。二〇二三年一月には、再び日本国債が大きく売られ、日銀は金利上限の〇・五％を維持するために大量の「買い」で応じざるを得なくなった。一月単月の日銀の国債買い入れ額は二二・八兆円あまりにのぼり、前年六月の最高記録を大きく更新した。

その代わりとでも言うべきか、為替市場では円高が進み、一時一三〇円台を割り込む展開となった。日銀が金利上限を拡大したことから内外金利差の縮小が意識され、円高材料となったためだ。

最終的に海外勢による国債売り攻勢は、三月になってようやく沈静化したのだが、実はそれは彼らが日本国債売りに興味がなくなったからではない。日銀が、国債の貸し出しを制限したためである。

どういうことかというと、国債を売り建てする場合、国債を持っている必要がある。手元になければ、それをどこかから調達して来なければならない。海外の投機筋は現物を持っていないため、国債貸し出しの仕組みを使って日銀から国債を借り、それを売り立てるという方法を取っていたのだ。

通常なら、この仕組みで何の問題も起こらないのだが、海外勢が猛烈な売り浴びせを仕かけていたこの時期、奇妙な現象が起き始めていた。日銀が貸した国債が海外筋によって再び売りに出され、そしてそれを日銀が再び買ったことで日銀での特定銘柄の国債の保有比率が一〇〇%を超える事態が起きたのだ。

国債は、起債するつど番号が振られ、それぞれ異なる銘柄として取り扱われる。たとえば、二〇二二年一〇月末時点の新発一〇年債は「第三六八回債」という具合だ。そしてこの「第三六八回債」は、発行残高が二兆八六六五億円に対し、日銀の保有高は三兆一一四一億円におよんでいた。発行額より保有額が大きいとは、なんともおかしな話である。差分の二五〇〇億円近くは無から生み出されたようにも見えるわけだが、これは海外勢が日銀から借りて売り建てし、日銀が再び買ったためである。

こうした現象は、当然様々な問題を生じる危険性がある。そのため日銀は、国債貸し出しを制限してこの現象を抑止したわけだ。ただ、それは海外勢から見れば売りの「物理的封じ込め」に他ならない。「市場が価格形成を行なう」という市場原理を完全に封殺してしまうという意味で、極めて危険な措置とも考えられるが、ただいずれにしても事態の鎮静化には役に立った。

その代わり、もはや日本国債は日銀が市場を完全に支配し、不当とも思えるほどの高値を維持する歪《いびつ》な状況となったのである。

国債急落によって起こる悲劇

こうして、流れを俯瞰して見ればもうおわかりだろう。日本国債は、いまやバブル末期の様相である。そして、バブルとは必ず弾ける運命にある。前章までで見て来た通り、もしこの「国債バブル」が崩壊すれば、恐ろしい事態が招《しょう》来《らい》するだろう。

まず、国債価格の暴落は、金利の急騰と表裏一体のものである。債券の基本原理であるが、価格と金利は完全に連動しているためだ。本稿執筆時点では、長期国債の金利は一・〇七％近辺、国債先物価格は一四三円近辺となっているが、仮にこれが一〇〇円まで暴落すれば、理論上は長期金利が六％となる計算だ。これは、取引を円滑化するために設定されている長期国債の「標準品」（正確には「長期国債標準物」と呼ぶ）が「額面一〇〇円　金利六％　一〇年償還」と定められていることに由来する。実際には、理屈通りに完全連動するわけではないものの、原理的にはほぼ連動する形になっている。

もし国債価格が急落すれば、金利の突発的な急騰は避けられない。日本経済は、間違いなくパニック状態に陥るだろう。短期的な資金借り入れや資金調達においても様々な商取引においても、金利が関係するものはすべて影響を受けるためだ。そして、高金利が長引けば深刻な不況となり、倒産や失業が続出することとなるだろう。

国債急落の影響は、金利といった直接的なものに留まらない。いまや、日本国債は事実上日銀がその過半を保有する状態となっている。莫大な国債保有の対価として、膨大な日銀券が発行されているわけだが、国債が暴落すれば日銀の財務も大きなダメージを受ける。日銀は、簿価ベースでの評価とはいえ、不良資産を大量に保有していることで信認に大きな傷が付くだろう。その影響は、日銀が発行する日銀券の信認低下という形で現れる。つまり、日本円の暴落だ。

第二章で見た通り、国債暴落は急速な円安を引き起こす。すでに二〇二二年頃から急速な円安が進行したが、あれが可愛らしく感じるほどの暴力的な円安進行が起きたとしても、まったく不思議ではないだろう。日本は、食糧やエネルギーの大半を輸入に頼る国である。急速な円安は、輸入物価の高騰を通じて深刻なインフレを巻き起こすことになる。

金利急騰による経済混乱、円安進行によるインフレの高進によって、企業業績は急速に悪化することとなる。必然的に、株価は暴落することとなる。第三章で見た通り、すさまじい株安によって日本は〝恐慌状態〟に陥る可能性が高い。「円安」「株安」「国債安」の〝トリプル安〟が、日本の経済を徹底的に叩きのめすだろう。

国債バブルの崩壊は、短期的にこうしたパニック的な事態を引き起こすわけだが、実は恐ろしい点がもう一つある。それが本章のテーマである「国債格下げ」だ。実は、国債の格下げは単に「ダメな国のダメな債券」というレッテルを貼られるだけに留まらない。広範な影響が、長きに亘って日本の財政や経済におよぶ危険性があるのだ。

どうまずいのか。非常に大まかに言えば、日本国債の評価は日本のすべての企業や個人の評価のベースラインとなっていて、これが地盤沈下すればいかに優れた日本企業も、同じように沈下を免れないのだ。

グローバル化の進展によって、輸出企業はいまや「輸出」をしない時代になった。安い労働力や低い法人税といった、経営上有利な条件が整う海外に現地法人を作り、現地で生産を行ない、利益を上げている。それでも本社所在地が日本にあれば日本企業であるし、当然日本円がベースの通貨となる。トヨタやパナソニック、キヤノンなどのグローバル企業も設立国は日本であり、経営戦略や商品開発などは日本の本社が統轄し、また納税も日本が中心となる。

そうした日本発のグローバル企業の格付けは、必然的に日本がベースラインとなって定められることとなるが、その日本が発行する債券、すなわち日本国債が格下げすれば、当然これら企業も軒並み格下げされる。つまり、日本全体が格下げされるのだが、それは日本の経済力を大きく削ぐ危険性があるのだ。

「信用格付け」とは何か

それほど「格付け」とは重要なものなのだが、果たして格付けとは具体的にどういうものなのだろうか。本書を手にする読者の皆さんは、時折ニュースなどで「信用格付け」の話題に触れる機会もおありだろう。

一例を挙げよう。二〇〇九年一〇月、政権交代によって財政赤字の過少公表が発覚し経済危機に発展したギリシャでは、同国の国債格付けが大幅に格下げされた。ＩＭＦやＥＣＢとの金融支援を巡る交渉が難航した二〇一二年には、事実上の最低格付けである「ＳＤ」(Selective Default：選択的債務不履行)が付けられている。その後、財政再建を推し進めた結果ギリシャ国債の格付けは段階的に上昇し、二〇二三年一〇月には「$^{+}$ＢＢ」(ダブルビープラス)から「$^{-}$ＢＢＢ」(トリプルビーマイナス)に引き上げられた。

ここに出て来た「$^{+}$ＢＢ」「$^{-}$ＢＢＢ」「ＳＤ」などの記号が「信用格付け」だ。

これは、国や企業が発行する債券の信用力や元利金の支払い能力の安全性などを分析し、ランク付けしたもので、わかりやすさのためにアルファベットや数字、＋、－などの記号で表される。

この信用力の分析と格付けを行なうのが、「信用格付け機関」（あるいは「格付け機関」）だ。現在、格付け機関は世界に八〇社以上あるとされる。有名なのがビッグスリーと言われる三社、「Ｓ＆Ｐグローバル・レーティング」（以下「Ｓ＆Ｐ」）「ムーディーズ・コーポレーション」（以下「ムーディーズ」）「フィッチ・レーティングス」（以下「フィッチ」）だ。各社によって若干格付けに差はあるものの、大幅に異なるということはまずない。

格付け区分は、各社によって若干表現が異なるものの、おおむねアルファベットのＡからＤまでを複数連ね、また数字や＋、－も組み合わせて段階わけしている。

代表的な格付けとして、「Ｓ＆Ｐ」のものを見て行こう。まず、最高位の信用力や安全性があり、債務返済の確実性が極めて高い債券（発行体）が「ＡＡＡ」

（トリプルエー）となる。そこから信用力が低下するごとに「ＡＡ+」（ダブルエープラス）、「ＡＡ−」（ダブルエー）、「ＡＡ−」（ダブルエーマイナス）、「Ａ+」（シングルエープラス）と続き、さらに「Ｂ」格付けの最高位となる「ＢＢＢ+」（トリプルビープラス）と続く。そして最も格付けが低いのが、「Ｃ」（シングルシー）となる。また、債務不履行に陥った債券は「Ｄ」（Default）と表される。

これに加えて、今後の信用力の見通し（アウトルック）についても評価され、信用度が上がる可能性があるものを「ポジティブ」、現状の格付けで安定する「安定的」、信用度が下がる可能性がある「ネガティブ」と評価する。

フィッチも、Ｓ＆Ｐとほぼ同じ格付け区分を用いているが、ムーディーズは若干異なる格付け表現を行なっている。最高位を「Ａａａ」、以下「Ａａ１」「Ａａ２」「Ａａ３」「Ａ１」と、二文字目以降を小文字で表現し、Ｓ＆Ｐの＋、−相当を数字で表現している。

格付け機関の格付け情報は、世界中の市場関係者が投資判断の重要情報として扱うほどに重大なものである。格付けの推移いかんでは、世界的大企業はお

格付けビッグスリーの格付け区分

	S&P	ムーディーズ	フィッチ
最高位	AAA	Aaa	AAA
2	AA+	Aa1	AA+
3	AA	Aa2	AA
4	AA−	Aa3	AA−
5	A+	A1	A+
6	A	A2	A
7	A−	A3	A−
8	BBB+	Baa1	BBB+
9	BBB	Baa2	BBB
10	BBB−	Baa3	BBB−
11	BB+	Ba1	BB+
12	BB	Ba2	BB
13	BB−	Ba3	BB−
14	B+	B1	B+
15	B	B2	B
16	B−	B3	B−
17	CCC+	Caa1	CCC+
18	CCC	Caa2	CCC
19	CCC−	Caa3	CCC−
20	CC	Ca	CC
21	C	C	C

ろか、たとえ先進国であっても多大な影響を被る可能性があるためだ。

しかし、驚くべきことにこうした格付け機関はほとんどが民間企業である。もし、彼らが何らかの理由で恣意《しい》的な格付けを行なえば、金融・資本市場は間違った情報を元に間違った方向へと進み、場合によっては市場に対する信頼を損なって機能不全に陥るというリスクもあるだろう。にも関わらず、格付け機関は民間企業なのである。

もちろん格付け機関には、厳格な法規制が課せられ金融当局の監督の目も光っているのだが、しかし民間の営利企業という立場上、「稼ぐ」ことも当然のように必要となる。一見すると不思議な立ち位置を取る格付機関だが、これには歴史的な背景が大きく影響している。格付けについて、より理解を深めるために、少々歴史を紐解《ひもと》いてみよう。

格付け機関と信用格付けの成立

有史以来、人間社会はモノの取引を通じて発展してきた。貨幣が誕生し、モノの価値を計る尺度が統一され、さらにその価値を「お金」という形で保存できるようになると、それを用いてお金の貸し借りも行なわれるようになった。正確には、お金が誕生するよりも先に貸し借りの概念はあったそうだ。メソポタミアでは銀と穀物が秤量《ひょうりょう》貨幣（重量に応じて価値が決まる貨幣体系）として用いられていたという。また「利息」の概念もあり、さらに貸借を仲介する者が現れて現在の証券・銀行業に近い働きをしたという。

そう考えると、人間の文明においてお金の貸し借りというのは、もはや遺伝子レベルに染み付いた自然な営みとも言えるものなのだ。

さて、時代が下り大航海時代になると、より大規模な金融取引が行なわれるようになった。背景には、航路開拓と海外進出というハイリスク・ハイリターンな事業投資の機会が誕生したことに加え、欧州で宗教対立などによる戦争が激化したことも大きいだろう。より大量の資金をかき集める仕組みとして、株式や債券が発明された。

世界初の株式会社の成立は、一五五三年のイギリスによる「モスクワ会社」設立に遡る。有名な「東インド会社」に先んじて設立されたこの会社で新しい資金調達の仕組みが用いられると、以降様々な巨額の資金調達に株式が活用されるようになった。やがてそれは金融・経済を潤滑に機能させる重大な役割を担うようになった一方で、一七二〇年の「南海泡沫《ほうまつ》事件」に象徴されるように、群衆の欲望と恐怖が社会を混乱に陥れる「凶器」(もしくは狂気)としての一面を持つようになった。

一方、資本市場のもう一つの柱となったのが「債券」だ。歴史を紐解けば債券に類する形態の取引は古来あったが、現在の債券の大元とされるのは一二一一三世紀頃に、ベネツィアをはじめとした北イタリアの都市国家で政府が戦費調達を目的として発行したものがルーツとされる。その後、一五五五年にフランス政府が近世・近代国家で初となる「長期国債」を発行した。

こうした債券は、有価証券として投資家たちの間で取引されるようになり、やがて現代につながる資本市場の形成につながって行った。世界初の資本市場は、一六〇二年のオランダ東インド会社の設立、一六〇九年のアムステルダム銀行（オランダの中央銀行に相当）の設立によって形成されたとされる。以降、株式や債券は資本市場を通じて活発に取引され、現代の金融システムを形作って行った。

さて、資本市場で取引される「債券」と「株式」だが、それぞれの決定的な違いとは、煎《せん》じ詰めれば「借金か否か」である。

「株式」は、発行する企業には返済義務がない（借金ではない）代わりに、企業が獲得した収益の一部を分配金として受け取る権利がある証券だ。そのため、金融商品としての性質は「ハイリスク・ハイリターン」の傾向を示す。事業がうまく行けばいずれ莫大な利益をもたらす一方で、経営破綻すれば一円も戻って来ない危険もある。ある意味で、企業家と同等のリスクとリターンを背負うようなものである。

一方の「債券」は、発行する企業は引き受け手に返済と利息を約束する「借金手形」である。あくまでも「返す前提」でお金の貸し借りを行なうわけで、投資家は企業家と同等のリスクを負うものではない。債券投資家が負うリスクは「会社の事業の成否」ではなく、「会社の返済能力」である。極端な話、莫大な赤字を計上していても、事業がうまく回らなくても、その会社がなんとか融資でつないで返済を完遂できるなら、その会社の債券投資は成功となるのだ。

このような債券固有の性質ゆえに、債券投資で問題になるのが「発行された債券の信用をどう評価するのか」という点だ。一般的にその会社が借金を返せるかという「信用」については、発行体（企業や政府）と投資家側に「情報の非対称性」が存在する。

たとえば、財務の状況が劣悪で事業見通しも悪い会社であっても、そうした情報を隠して魅力的なアピールポイントだけを並べ立て債券を発行すれば会社側は利息の低い有利な資金調達ができる。一方で投資家は、本来知るべきリスクを知らされず、不当に高いリスクを安い対価（利息）で負うことになる。そのような債券は本来なら安く買い叩かれるか、高金利が支払われるべきである。こうした、債券取引における「情報の非対称性」を埋め合わせ、より合理的で健全な取引を実現させるために生まれたのが、格付け機関というわけだ。

格付け機関の歴史

実は、格付け機関の歴史はそれほど長くはない。資本市場が本格的に発展し、債券が活発に取引されるようになったのは一七世紀からだが、債券格付けが行なわれ始めたのは、ジョン・ムーディーが「ジョン・ムーディー・アンド・カンパニー」を設立してからのことである。最初の格付けが公表されたのは一九〇九年で、それまでは債券取引に格付けはなかったのである。

およそ三世紀もの間、債券は格付けという投資判断を下す上で重要な情報なしに取引されたわけだが、当時は債券投資の大部分が戦費調達のために発行された公債であったため、「国家なら債務は返済するだろう」という信頼の下で取引されたという事情があった。

ただ、特にアメリカにおいては、鉄道や運河などの社会基盤を整備するために民間企業が社債を大量に発行し、活発な取引が行なわれた。そのため、それら民間企業の信用を調査する需要が生まれた。

この需要を取り込んで誕生したのが、「信用興信所」と呼ばれるものだ。投資家に有益な情報を調べ提供する信用調査を行なう会社で、一八四一年にルイス・タッパンがニューヨークに世界で初めて設立した。ただ、タッパンの信用興信所はその後格付け機関の道を歩むことはなかった。彼の孫にあたるロバート・グラハム・ダンがその後を引き継ぎ、R・G・ダン・アンド・カンパニーを設立すると、企業情報レポートを中心としたビジネスを展開、後に競合会社であったジョン・M・ブラッドストリート・カンパニーと合併し、現在の「ダン・アンド・ブラッドストリート」（D&B）につながって行ったのである。業容は企業情報レポートを提供する信用調査機関で、現在では世界二〇〇ヵ国の企業情報レポートの提供の他、独自の信用格付けも行なっている。

さて、債券投資における情報提供事業は、信用興信所だけの専業ではなかった。アメリカが急速に経済発展するに伴って、経営と金融を専門にした報道機関が誕生し、投資家に有用な情報を提供するようになったのだ。

特に一九世紀のアメリカは「鉄道の世紀」であり、鉄道雑誌が鉄道産業の情報を発信していた。一八四九年、ヘンリー・プアーがこの鉄道雑誌の編集者に就任すると投資家向けに鉄道の所有者や資産、収益などの情報を出版するようになった。これが投資家にとって重要な指針となったという。プアーの会社は、後にスタンダード・スタティスティクス・カンパニーと合併し、一九四一年にスタンダード・アンド・プアーズになる。ちなみに、アメリカの代表的な株価指数であるＳ＆Ｐ５００は、この会社が開発したものである。

また、前述したように一九〇九年にはジョン・ムーディーがムーディーズ・カンパニーを設立、鉄道会社の不動産や資本構成、経営関係情報を収集し、証券価値の分析に基づく情報を出版した。この時、ムーディーはそれまでにも使われていた信用格付けシステムを元にして、わかりやすく信用を表現するために「格付け記号文字」を使用した。これが、現在の格付けの起源となっている。

また、ムーディーから遅れて一九一三年には、ジョン・ノレス・フィッチがフィッチ・パブリッシング・カンパニーという出版社を設立、株式・債券マニュアルとして企業の株式・社債に関する金融情報や財務統計を公表した。一九二四年には、投資専門家の徹底的な分析によって「AAA」から「D」までを格付け表記するスタイルを導入した。

実は信用情報の提供事業は、信用興信所や出版社の他でも行なっていた。一九世紀当時には、実際に自らも投資を行なう投資銀行家が、債券に関する信用情報を扱っていたのだ。J・P・モルガン、クーン・ローブ商会、ゴールドマン・サックスなどがそれで、彼らは鉄道会社の経営層にも入り込み、内部情報を入手できた。そのため、債券の信用に関する情報を提供することが可能であった。

しかしながら、投資銀行家は出資先の鉄道会社と深い利害関係の下にある。

その投資銀行家が出す評価が、果たして公正であるのかという疑問は当然のように生じる。利益相反になりかねないこのような構造から、二〇世紀に入ると政府が投資銀行家への規制を強化した（もう一方では、投資銀行家が巨大化しすぎないよう政府が規制をかけた側面もある）。こうした規制の強化によって、やがて彼らは信用調査機関としての役割を終えることとなった。

極めて重要な格付け機関の役割

このように、現在に至る格付け機関は、信用調査会社や出版社が源流であった。そして彼らは、民間企業のみならず政府、自治体、公的機関が発行する債券に対しても格付けを行なった。そのため、格付け機関は国家が管轄する公的機関ではなく、あくまで民間企業である必要があったわけだ。

ただ、民間企業でありながら公共性の高い情報を扱うというのは、非常に難しい側面をはらむ。債券投資をする際、投資家は格付け情報を参考として投資判断を下す。もし情報が意図的に捻じ曲げられていたり、あるいは事実とは異なるものであったとすれば、投資家は不当なリスクを負うことになる。その結果、債券市場の信頼は失墜し、正常な資本取引が阻害されることになるだろう。また、現在の格付け情報は、バーゼル規制や証券規制といった金融規制のためにも利用される。よって、格付け情報が十分に妥当な中立性、公平性を保っていなければ、規制が形骸化し最悪の場合深刻な金融危機の引き金になることもあり得る。

このように、資本市場の「ゲートキーパー」的な役割を負う格付け機関であるが、実は残念なことに彼らの格付け情報の信頼が揺らいだ事件がかつて起きている。二〇〇一年一〇月、アメリカの大手エネルギー会社エンロンに巨額の不正会計の疑惑が持ち上がった。

一九八五年の会社誕生以降、デリバティブ取引をエネルギー業界に取り込み、海外事業にも積極的に進出したエンロンは、二〇〇〇年には全米七位の巨大企業にのし上がっていた。急激な成長にも関わらず、信頼できる安心した投資先との評価を得ていたエンロンだったが、実はその裏で海外事業の失敗による損失を特別目的会社（ＳＰＣ）に付け換える簿外債務や、売り上げの水増しといった粉飾決算を行なっていた。

経営者自らが不正に関与していたことに悪質性を見ることができるが、一方で中立的な立場で財務報告などを監視すべき立場にあった監査法人や顧問法律事務所も違法行為の協力者であったことが問題に拍車をかけた。事件発覚からわずか二ヵ月後、一六〇億ドル超の巨額債務超過でエンロンは倒産したが、株価の大暴落によって株主は資産を失い、二万人以上の従業員は職を失った。

この時期、同様の粉飾決算は他にも摘発された。全米第二位の長距離通信会社ワールドコムもその一社で、二〇〇二年七月に倒産した際の負債総額はエンロンをはるかに上回る四一〇億ドルにのぼった。また日本においても、同時期に西武鉄道による有価証券報告書の虚偽記載、カネボウ、ライブドアによる粉飾決算が明るみに出た。これらは、いずれも監査法人などの監視機能が働かず、不正が野放しにされた実態があった。

こうした不正事件を起こした企業は、いずれも高い格付けを受けていた〝優良企業〟であった。そのため、事件に直接関与したわけではなかったものの、格付けを信用した投資家たちは巨額の損失を被り、資本市場は大きく混乱した。このことで、格付け機関に批判が集中したのだ。もちろん、格付け機関も「企業にウソをつかれた」格好であるから、不正を見抜けなかったという批判は厳し過ぎるようにも思われる。

しかし、たとえばこれを個人の信用調査に置き換えればどうだろうか。ある人間が信用に値するかどうかは、本人の話だけでは見極められない。当然、周辺の人間を調査し、日頃の行動を観察するだろう。企業活動の調査も同じだ。格付け機関が「信用を調査する機関」である以上、当の企業の情報だけを鵜呑《うの》みにしたかのような格付けを出していたのであれば、信頼に疑いがかかるのは当然のことである。これらの不正事件を契機として、格付け機関にはより自由（でかつ熾烈な）競争と、厳格な信用調査手法についてなどの規則が定められた。信用格付けの特に企業の格付けにおいて、こうした不正の実態を見抜くことは極めて難しい。二〇〇〇年代初頭の一連の事件によって、ＳＯＸ法が成立し企業の内部統制の監査に関する制度が確立したものの、現実にはそうした不正がなくなることはない。実際、その後もオリンパスや東芝の粉飾決算が明るみに出るなどしている。ただ、こと「信用格付け」において、ルール破りの不良企業を見抜く役割を格付け機関にのみ期待するのは、少々酷かもしれない。こうした役割はもっぱら監査法人の領域である。あくまで「信用格付け」は、「不正のない企業」を前提として付けられた評価であると考えるべきものだろう。

さて、「信用情報の信頼性」という難しい役割を担う格付け機関だが、実はもう一つ非常に重要で難しい役割を負っている。それは、「国家を格付けする」ということだ。

国の格付けは、それ自体がその国の経済や財政に大きな影響をおよぼす。たとえば、ある国が国債を発行するにしても格付けが低ければより高い金利を付与する必要があり、資金調達のコストがかさむ。その国の企業の格付けは国債の格付けに従属するため、国際競争力が必要な輸出関連企業などは相対的に不利な競争を強いられる。国家としては、格付け次第で自国の財政や経済が振り回されるのだから、適正な格付けがなされているかについてはより敏感にならざるを得ない。

実際、「格付け機関と政治」の問題はたびたび起きている。二〇〇四年初頭、ドイツ連邦の国債が格下げになった際には、格付け機関が持つ「格付けの権限」が正当なものなのかという政治的議論が巻き起こった。二〇一〇年代には、ギリシャ、アイルランド、スペインなど複数のユーロ圏国家が財政危機に陥りECBなどの支援を受けたが、この時格付け機関が下したソブリン債（国債をはじめ、その国の政府や政府系機関が発行する債券）の格下げに対し、ギリシャや欧州委員会からは批判の声が上がった。当時のギリシャ首相ヨルゴス・パパンドレウは、「われわれの運命を形作ろうと試み、われわれの子供の将来を決定付けようとしている」と格付け機関を非難、フランスの政治家で欧州委員会委員を務めていたミシェル・バルニエも、「格下げには、国家が借入れを行なう場合に、よりコストがかかる直接的な効果があるだけでなく、国家を弱体化させ、場合によっては隣国の経済にも悪影響をおよぼす」とし、一介の民間企業である格付け機関が、それほどの権限を持つことは承認できないと語った。

最近でも、二〇二三年八月にフィッチ・レーティングスがアメリカ長期債の格付けを「ＡＡＡ」から「ＡＡ+」に引き下げたのに対し、バイデン政権は即座に反論した。イエレン財務長官は、引き下げ発表直後に「決定に強く反対する」との声明を出し、ホワイトハウスの報道官も「バイデン大統領が世界の主要経済国の中で最も強い景気回復を実現しているこの時期に、アメリカを格下げすることは現実を無視するものだ」と発言している。

このように、格付け機関はしばしば各国政府からの批判や反論など、巨大権力からの圧力にさらされてきた。しかしながら、格付け機関としてはこうした圧力に屈することはできない。彼らは「民間企業」であり、格付け情報によって生計を立てている。顧客は世界中の投資家たちであり、国家に阿《おもね》って格付けを操作することは、顧客を裏切ることにつながりかねないからだ。

このように、「公共性の高い情報を発信する民間企業」という、非常に難しい立場にある格付け機関であるが、だからこそ発信される情報の信頼性は極めて高いものとなる。特に、長期視点で見ればそのことは一目瞭然だ。実際、日本国債の格付けの変遷《へんせん》を見れば、納得が行くだろう。

日本国債格付けの変遷

ここからは、「日本国債とその格付けの変遷」についてざっと見て行こう。

まず、戦後日本の国債発行は一九六五年に遡る。前年の東京オリンピック開催による反動不況によって税収が大きく落ち込んだための措置で、二〇〇〇億円が発行された。その後、財政法では財政運営のための国債発行を禁じていたが、公共事業についてはその限りではなかったため、建設公債が発行され続けた。そして一九七三年、第四次中東戦争を発端としてオイルショックが起きると、再び税収が大幅に落ち込んだ。一九七五年には、財政運営のために赤字国債の発行に踏み切った。これが、現在に続く莫大な政府債務の発端とも言える。

一九八〇年代に入ると、国債残高はいよいよ膨張し、建設公債と特例公債（赤字国債）を合わせて一〇〇兆円の大台に乗る。ただ、日本はアメリカに次ぐ世界第二位の経済大国にのし上がり、「双子の赤字」に苦しむアメリカに迫るほどの勢いを見せていた。必然的に、日本国債に対して海外投資家の注目も集まるようになった。こうした経緯から、一九八〇年代には日本国債の格付けも本格的に注目されるようになって行った。

一九八五年、プラザ合意によって急速に円高が進むと、日本には土地バブルと株バブルが到来した。この時期、日本の経済力を背景とした国債の格付けは、主要格付け機関でいずれも「ＡＡＡ」（または相当する最高位）に位置付けられていた。

一九九〇年にバブルが崩壊し、株価が暴落、次いで土地バブルも崩壊すると、金融機関が次々と危機的状況に陥った。政府はそうした金融機関の淘汰・再編を推し進めるのではなく、公的資金を注入しての救済に乗り出した。しかし、バブル崩壊の損失を子会社などに移して隠ぺいする「飛ばし」をはじめ不正が発覚するにつれ、バブル崩壊による損失の実態が想像をはるかに超えるレベルであることが露見《ろけん》し始め、日本の金融業界は急速に危機的状況に陥って行った。一九九六年には住宅金融専門会社八社のうち七社が破綻、さらに一九九七年にアジア金融危機が巻き起こると、一一月には北海道拓殖銀行と山一證券が破綻、さらに翌一九九八年には、日本長期信用銀行や日本債券信用銀行も破綻した。

バブル崩壊以降、小規模な金融機関の破綻などはあったものの、辛うじて日本の「国家」としての信用評価は最高位を保って来たが、一九九八年の金融危機によって、ついにその座から陥落することとなった。

一九九八年一一月、ムーディーズが日本の格付けを「Ａａａ」から「Ａａ１」に格下げしたのである。この時、日本国債の金利水準は一％台を割り込むところまで低下していたが、この格下げによって国債価格は下落、金利は二％台を超える水準に跳ね上がった。当時は、金融機関の破綻やアジア諸国の通貨危機に注目が集まっていたが、実は格下げの影響は「軽微」とは言えない、かなりインパクトのある出来事だったのだ。最終的に、他社も日本の格下げに追随した。フィッチが二〇〇〇年六月に、S&Pが二〇〇一年二月に引き下げを実施しているが、この時はそれほどのインパクトは生じなかった。

二〇〇〇年代、日本はバブル崩壊後の「失われた一〇年」の薄闇《うすやみ》をさまよっていた。少子高齢化、デフレが経済成長の足かせとなったためだ。企業は財務の強靭《きょうじん》化を進める過程で内部留保をため込む体質となり、また労働賃金削減の方策として非正規雇用が急速に増え、これに伴って派遣労働者問題が大きな社会問題となった。この時期、日本国債はたびたび格下げされて行った。S&Pの格付けを見てみると、二〇〇一年二月に「AA+」に格下げして以降、二〇〇一年一一月には「AA」に一ランク格下げ、二〇〇二年四月には再び「AA−」に一ランク格下げされている。

ただ、日本国債は格下げ一辺倒だったわけではない。二〇〇七年四月には、一ランク格上げされて「AA」に返り咲いている。この時期、金融機関をはじめとした民間企業も軒並み格上げしているが、金融危機以降の債務整理が一段落し、金融機関の財務基盤も強固なものになって来たことが評価されてのことである。

しかしながら、二〇〇八年の金融危機が日本にも大きな影響をおよぼすと、二〇一一年一月には再び「ＡＡ－」に格下げされた。さらに二〇一五年九月にはさらなる格下げとなり「ＡＡ」格からも陥落、「Ａ＋」となった。この間、日本の公的債務は一貫して膨張の一途をたどった。これだけ莫大な借金を積み重ねても格付け機関が格付けをこの程度しか下げないのは不思議な気もするが、国の資産や日本の国債収支などを総合すると、こうした評価になるということだろう。なお本稿執筆時点では、Ｓ＆Ｐの日本の格付けは「Ａ＋」を維持している。

参考までに、他社の格付けもざっと見て行こう。一五一ページに「ビッグスリー」の日本国債格付けの変遷を載せているのでご参考いただきたいが、ムーディーズも現在は上から六番目の「Ａ１」に格付けしている。ただ、Ｓ＆Ｐよりも低い格付けを付けていた時期があることや、比較的高い頻度で格付けを見直している点は要注意だ。さらに、フィッチはこの二社と比べてもかなり辛口である。二〇〇〇年以降、日本の格付けは一貫して低下しており、さらに他社

日本国債の格付けの推移

S&P	ムーディーズ	フィッチ
1992.7.27 AAA(安定的)	1997.12.21 Aaa(安定的)	
	1998.4.2 Aaa(ネガティブ)	
	1998.11.17 Aa1(ネガティブ)	
	2000.9.8 Aa2(ネガティブ)	2000.6.29 AA+(安定的)
2001.2.22 AA+(安定的)		2001.3.2 AA+(ネガティブ)
2001.9.11 AA+(ネガティブ)		
2001.11.27 AA(ネガティブ)	2001.12.4 Aa3(ネガティブ)	2001.11.26 AA(ネガティブ)
2002.4.15 AA−(ネガティブ)	2002.5.31 A2(安定的)	2002.11.21 AA−(ネガティブ)
2004.3.23 AA−(安定的)		
2006.5.23 AA−(ポジティブ)	2006.6.1 A2(ポジティブ)	2005.5.9 AA−(安定的)
2007.4.23 AA(安定的)	2007.10.11 A1(安定的)	
	2008.6.30 Aa3(安定的)	
2010.1.26 AA(ネガティブ)	2009.5.18 Aa2(安定的)	
2011.1.27 AA−(安定的)	2011.2.22 Aa2(ネガティブ)	
2011.4.27 AA−(ネガティブ)	2011.8.24 Aa3(安定的)	2011.5.27 AA−(ネガティブ)
		2012.5.22 A+(ネガティブ)
2015.9.16 A+(安定的)	2014.12.1 A1(安定的)	2015.4.27 A(安定的)

見通し

2020.6.9 安定的	2014.12.1 安定的	2020.7.29 ネガティブ

S&P、ムーディーズ、フィッチ、財務省のデータを基に作成

よりも二段階低い格付けとしているのだ。

他の国の推移との比較

この二〇年余りで、日本の格付けはずるずると低下してきた。少子高齢化とイノベーション不足によって経済成長が打ち止めとなる一方で、社会保障費の増大が財政を圧迫し続ける現状を見れば、この格下げの推移は極めて妥当というべきだろう。見方を変えれば、世界第四位の経済国であり、民主主義陣営の一角としての存在感の大きさもあって、本来の実力よりもむしろ高めの格付けになっているという見方もできるかもしれない。

いずれにせよ、実は格付けが重視する「信用力」「安定性」の観点では、もう日本は世界に誇れるほどの実力があるとは評価されていないのだ。それは、海外諸国の格付けと比較をすればより明らかだ。

二〇二四年現在、国債格付けにおいて格付け主要三社の格付けがいずれも最高格（「ＡＡＡ」もしくは「Ａａａ」）となっている国は、九ヵ国ある。ドイツ、スイス、スウェーデンなど、いずれも財政状況や政治が安定している国である。アジアに限定すると、唯一シンガポールがこれに該当する。

実は、ここには覇権国家であるアメリカが含まれていない。アメリカは、Ｓ＆Ｐとフィッチが最高位から一ランク低い「ＡＡ＋」を付けている。ムーディーズは「Ａａａ」を付けているものの、見通し評価は「ネガティブ」で、ほぼ同格の格付けとなっているカナダ、ニュージーランドにも若干劣る結果となっている。こうした格付けの背景として、債務上限問題での政治的膠着《こうちゃく》、増大する政府の債務負担、今後予想される財政悪化が要因として挙げられている。

ただ、この三ヵ国（カナダ、ニュージーランド、アメリカ）が第二位集団であることは確かだろう。そして、これに続くのが欧州の「ＡＡ」格の国々だ。

では、日本はどういう位置付けなのか。「さすがに、シンガポールに次いでアジアでは二番目の格付けだろう」と予想した方もいるかもしれない。しかし、アジア圏に限定すると、次に格付けが高いのは韓国と香港なのである。この二つの国・地域は、オーストリアやフィンランド、フランスと並ぶ「ＡＡ」格の「第三位集団」に入っているのだ。

香港は数年前に大規模な民主化デモが勃発し、国情が不安定というイメージがあるだろう。韓国にしても、一部財閥企業が幅を利かせ、経済は慢性的に不安定なイメージをお持ちの方も少なくないと思う。しかし、こと国債の信用力の観点では、日本よりも韓国、香港の方が信用力にまさるのである。

衝撃的な話だが、ではその次が日本かと言えば、そうではない。アジア圏に限定しても、まだ日本の上にいる国があるのだ。実は僅差《きんさ》ではあるものの、中国の方が若干上なのだ。中国と日本の国債について、ムーディーズとＳ＆Ｐは同じ格付け評価を行なっている（ムーディーズ「Ａ１」、Ｓ＆Ｐ「Ａ＋」）。しかし、フィッチは中国が「Ａ＋」、日本が「Ａ」と、若干ながら日本を低く評価しているのだ。不動産バブルの崩壊がささやかれ、さらに地方政府の隠れ債務問題がくすぶる中国だが、その中国にすら日本国債は信用力で劣っているのだ。

「まさか日本の評価がそんなに低いなんて!!」――読者の皆さんの中には

主要国の国債格付け比較

	ランク	国名	ムーディーズ	S&P	フィッチ
第一位集団	1	ドイツ	Aaa	AAA	AAA
	1	ルクセンブルク	Aaa	AAA	AAA
	1	オランダ	Aaa	AAA	AAA
	1	オーストラリア	Aaa	AAA	AAA
	1	スイス	Aaa	AAA	AAA
	1	デンマーク	Aaa	AAA	AAA
	1	スウェーデン	Aaa	AAA	AAA
	1	ノルウェー	Aaa	AAA	AAA
	1	シンガポール	Aaa	AAA	AAA
「第二位集団」	10	カナダ	Aaa	AAA	AA+
	11	ニュージーランド	Aaa	AA+	AA+
	12	アメリカ	Aaa	AA+	AA+
「第三位集団」	13	オーストリア	Aa1	AA+	AA+
	13	フィンランド	Aa1	AA+	AA+
	15	韓国	Aa2	AA	AA−
	16	フランス	Aa2	AA	AA−
	16	香港	Aa3	AA+	AA−
	18	アイルランド	Aa3	AA	AA−
	19	イギリス	Aa3	AA	AA−
	20	ベルギー	Aa3	AA	AA−
	21	チェコ	Aa3	AA−	AA−
	22	エストニア	A1	AA−	A+
	23	中国	A1	A+	A+
	24	サウジアラビア	A1	A	A+
	25	日本	A1	A+	A
	26	スロベニア	A3	AA−	A
	27	リトアニア	A2	A+	A
	28	マルタ	A2	A−	A+
	29	スロバキア	A2	A+	A−
	30	ラトビア	A3	A+	A−
	31	ポーランド	A2	A−	A−
	32	ポルトガル	A3	A−	A−

ショックを受けた方もいるかもしれない。しかし、私はまったくそうは思わない。なにしろ日本の借金は世界でも突出して多い。今はまだ対外債権も多く、国際収支も慢性的な赤字に陥っているわけではないが、政府債務のとめどない膨張、少子高齢化による経済停滞、インフレによる貿易赤字の恒常化など、およそ想像が付くこうした要因によって日本の格付けはこれからもずるずると低下する一方となることは明らかだ。

そして、ある時期を境にして日本国債が市場関係者に「いずれ焦《こ》げ付く」リスクの高い金融商品と評価されても、まったく不思議はない。実際、格付け機関も日本国債については〝格下げ〟を念頭においている。本章の冒頭に言及した「日銀ショック」直後、日本国債に格下げリスクがささやかれた。日本経済新聞がこの時、フィッチ・レーティングスの国債格付けの担当者を取材したのだが、格付け担当者は「日銀の国債購入は格付けを支える要因の一つ」と説明したという。つまり、日銀が国債買い支えをやめ、金融正常化に向けて段階的に舵《かじ》を切れば、日本国債は格下げされる可能性が高まって行くということだ。

日本国債がさらに格下げされるとどうなるか

　現在の日本は、国内経済の縮小と慢性的な政府債務の膨張という構造的な問題を抱えている。その根本にあるのは、少子高齢化、労働人口の減少という極めて動かしがたい要因である。また、産業分野でのイノベーションに乏しく、社会保障や財政出動に依存性が高いことも問題だ。

　これらは国民性の問題ということもできるが、国民全体の危機意識の欠如、新しい物事へ挑戦する活力の欠如という点でとらえれば、国全体が「老いて力なく衰えている」と表現することもできるだろう。このまま進んで行けば、日本国債がさらなる格下げを宣告される日もそう遠くはない。

　では、もし日本国債がこれ以上格下げされればどうなるのか。現在、日本国債は「A+」（シングルエープラス）であるが、もし三段階格下げされれば「BBB+」（トリプルビープラス）と「B」格に落ちてしまう。

債券の格付けでは、この「ＢＢＢ」が一つの大きな分岐点となる。格付けが「ＢＢＢ」以上の債券は「投資適格債」として信用力が高くリスクが低いとみなされる一方で、「ＢＢ」以下の債券は「投機的格付け」と分類される。俗に「ハイイールド債」と呼ばれる利回りの高い債券があるが、それはまさに「ＢＢ」以下の債券のことだ。投資家にとっては、信用が低くリスクが高いことを代償として高い利回りが得られる金融商品である（一方で、起債側からすれば借金のためのコストが高く付くことを意味する）。

なお、ハイイールド債は別名「ジャンク債」とも呼ばれる。ジャンクとは、英語で「がらくた」「くず」という意味である。つまり、「ＢＢ」以下の債券は「ゴミくず」同然というわけだ（実際には、債務不履行にならなければ債券は「ゴミくず」「紙キレ」にはならないが）。

この「ジャンク債」に日本国債が分類されるまでには、現在からまだ六段階のランクがある。そう考えれば、「まだ日本は大丈夫」と言えるかもしれない。しかし、そうではない。実は日本国債については、「Ａ」格から「ＢＢＢ」格に下がった時点でかなり深刻な影響が広がる危険があるのだ。

どういうことか。主要国の金融機関では、高格付けの国債を担保とした「レポ取引」（短期借入の取引）を行なっている。レポ取引では、本来は高い担保性を有する債券を「ＡＡ」格以上と定めている。日本国債は現在「Ａ⁺」であるものの、安全性の高い優良資産と見なされ担保受け入れがなされているが、これが「ＢＢＢ」格にまで転落すれば、さすがに担保としての安全性を疑われる事態となる。追加の担保を請求されたり、最悪の場合、担保として受け入れを拒否されたりする事態にもつながりかねない。

さらに、主要国の銀行間取引にも影響が出ることが考えられる。実は主要国の銀行間の取引においては、「格付けが『ＢＢＢ』以下の国債は時価評価を含む自己資本比率」が計算されているのだ。日本国債が「ＢＢＢ」となれば国債は売られ、価格は低下することになる。すると、日本の銀行において自己資本比率が大きく低下する可能性が出て来る。こうなると、たとえメガバンクと言えどもドルを調達しようとした際に膨大なコストがかかったり、最悪の場合、調達できなくなったりする危険もあるのだ。

また、国債格下げは金融機関の格付けにも直接的な影響をおよぼす。格付け機関にもよるが、一般的に国内企業はその国のソブリン格付け（国債や政府機関債）を上回る格付けが取れないと定められているのだ。これを「ソブリン・シーリング」（またはカントリー・シーリング）と呼ぶが、特に銀行の格付けは厳格でどれほど財務内容が良好でもその国の国債が格下げすれば同時に下がるのだ。当然、短期的な外貨調達以外にも長期的な資金調達コストは跳ね上がる。

例外的に、国債格付けを上回る企業も存在する。たとえば、ＪＲ東海が発行する社債は、直近の格付けが「ＡＡ」（ムーディーズ）となっている。また、東京ガスの格付けは「ＡＡ」（Ｓ＆Ｐ）だ。

Ｓ＆Ｐでは、国の規制が強い業種については国の二段階上まで、トヨタ自動車やキヤノンといった世界的なグローバル企業の場合は国の四段階上までの格付けを許容している。つまり、もし日本国債がもう一段階格下げして「Ａ」になれば、どんなにトヨタやキヤノンの業績が好調で財務も完璧であったとしても、決して「ＡＡＡ」になることはないのだ。さらに言えば、もし日本国債が「ＢＢ」に落ちてしまった場合、すべての日本企業は「Ａ」にすらなれず、最高でも「ＢＢＢ+」までしか取れないということだ。

これは、日本企業の国際競争力にも大きな影響をおよぼすことになる。少々古い情報となるが、二〇一六年の三菱ＵＦＪリサーチ＆コンサルティングのレポートによると、「Ａ+」格の日本国債が「ＢＢＢ」格に格下げされた場合、長期金利は三％、企業の資金調達コストは六％程度上昇するとの目安を示している。すべての企業の資金調達コストが一律に上昇するわけではないだろうし、また資金調達コストが業績に直結するという単純な話でもないだろうが、たとえばトヨタのここ数年の利益率（資産合計の税引前利益率）は四・五―六・〇％であることを考えると、資金調達コストが利益をやすやすと食いつぶすだろうことは想像に難くない。トヨタほどの超優良企業であってもギリギリの状態になることが見えているのだから、他の民間企業やもっと言えば財務の脆弱な地銀などひとたまりもないだろう。日本国債の「ＢＢＢ」格下げによって阿《あ》鼻叫喚《びきょうかん》の連鎖倒産劇が繰り広げられる、と言ってもあながち妄想とは言えまい。

「BBB」格への転落ですらこういう状態なのだから、仮に「BB」格にまで転落した際には、とんでもないことになるだろう。調達コストの二桁増、すらあり得る。こうなれば、〝恐慌待ったなし〟である。

国債格下げの影響は、企業や金融機関のコスト増だけにはもちろん留まらないだろう。特に恐ろしいのは、〝為替への影響〟である。二〇二四年三月末時点で日銀の国債保有残高は五八九兆円あまりとなっており、全体の半分以上を日銀が保有している。国債が格下げとなれば、当然、日銀の保有資産の評価も大きく下がることとなる。日銀は国債を満期保有する前提としており、時価会計を取っていないため、いきなり債務超過に陥るわけではないが、国債格下げによる日本円の信頼低下は円安進行の巨大な圧力となる。「A⁺」の格付けである現在ですら、一ドル＝一六〇円台に到達しているが、これが「BBB」にまで格下げされれば、二〇〇円台突入はまず間違いなく起きるだろう。さらに「BB」にまで落ちれば、数百円になったとしてもまったくおかしくはない。

具体的にどの程度になるのか。単純比較はできないが、この一〇年での「BBB」格や「BB」格の国の為替の推移を参考にしてみよう。

たとえば、現在「BBB」のインドは、この一〇年で一ドル＝〇・〇一七ルピーから一ドル＝〇・〇二二ルピーになった。単純に言えば一・四倍の通貨安であり、仮に現在の日本の為替から考えれば一二二円近辺ということだ。さらに「BB」格のブラジルでは、この一〇年間に一ドル＝〇・四五レアルから一ドル＝〇・一七レアルと、二・六五倍になっている。これも同じく現在の日本の為替で考えれば、一〇年後に四〇〇円前後になっている計算だ。さらに日本は、インドやブラジルと比べても破格の借金を背負っているわけで、その影響が為替に出るようなら、一ドル＝五〇〇円の大台すらやすやす突破するだろう。

日本の債務は「恐怖のデッドヒート」を繰り広げる

日本の債務がどれほどまずいことになっているのか、その規模感や危機感をつかむために、二つの数字を簡単に見ておこう。

まず、一六六ページの「政府債務残高総額」だ。これは各国の政府が抱える債務の「額」である。この図は主に二〇二〇年の数字だが、金額ベースでのダントツ一位はアメリカで、二〇二三年末時点では三四兆ドル（約五四四〇兆円）となっている。覇権国家として世界経済の頂点に立つ国であるため、額としては巨大である。そして、それに続く堂々の第二位が日本だ。国債の発行残高が二〇二三年末時点では一〇四三兆円、政府短期証券や借入金などを合わせた広義の「国の借金」では、一二八六兆円あまりとなっている。地方の長期債務が二〇〇兆円程度あるため、これも加味すると一五〇〇兆円近くにのぼる。ドル建てで換算すると、約一〇兆ドルとなる計算だ。

ただ、ここにダークホースの国が存在する。中国だ。中国の政府債務を評価するのは難しいが、中国では中央政府、地方政府の他に、地方政府に代わって資金調達を行なう「地方融資平台」が膨大な債務を抱えている。しかも、昨今の不動産バブルの終焉からこの「隠し債務」の不良債権化が極めて深刻な懸念材料となっている。ＩＭＦによると、二〇二〇年時点で国、地方、隠し債務を合わせた広義の政府債務は一〇〇兆元程度（一五五〇兆円：一元＝一五・五円で計算）とされており、二〇二三年には一五〇兆元（三〇〇〇兆円：一元＝二〇円で計算）にまで膨れ上がっているとされる。公式の数字が確認できないため断定はできないが、隠れ債務問題を加味すると金額ベースの第二位は中国である可能性がある。

この後には、イギリス、フランス、イタリア、ドイツなどの欧州先進国やブラジル、メキシコといった中南米の国も並ぶが、いずれも五兆ドル（八〇〇兆円）に満たない額である。つまり、米、中、日が他の追随を許さぬ〝借金レース〟を繰り広げているのだ。

さて、一六七ページの図にあるように国の借金についてもう一つの数字を見て行こう。どちらかと言えば、こちらの数字の方がはるかに重要である。政府債務残高をＧＤＰ比較で見た数字だ。これを見ると、額で独走態勢だったアメリカが意外にもランキングが低いことがわかるだろう。なお、中国は前述した

「政府債務残高総額」トップ30

順位	国名	政府債務残高（億米ドル）
1	アメリカ	280,313
2	日本	131,697
3	イギリス	46,503
4	フランス	46,144
5	イタリア	45,820
6	ドイツ	35,978
7	ブラジル	33,350
8	スペイン	26,378
9	カナダ	22,481
10	メキシコ	15,921
11	ロシア	12,630
12	ポーランド	10,101
13	トルコ	9,875
14	韓国	9,846
15	オーストラリア	9,042
16	ベルギー	8,620
17	オランダ	7,211
18	ギリシャ	7,084
19	ポルトガル	5,533
20	オーストリア	5,330
21	コロンビア	4,979
22	ルーマニア	3,672
23	アイルランド	3,332
24	イスラエル	3,194
25	ハンガリー	3,159
26	スウェーデン	2,979
27	スイス	2,661
28	フィンランド	2,294
29	チリ	2,103
30	チェコ	2,097

※ドイツは2018年、トルコ、オーストリアは2019年の数値
ＯＥＣＤ（2020年）のデータを基に作成

政府総債務残高対GDP比（2022年）

順位	国名	単位：%
1	レバノン	283.20
2	日本	260.08
3	スーダン	186.25
4	ギリシャ	178.11
5	シンガポール	167.50
6	ベネズエラ	159.47
7	イタリア	144.41
8	ラオス	128.51
9	ブータン	127.33
10	カーボヴェルテ	127.25
11	バルバトス	122.51
12	アメリカ	121.31
13	スリナム	120.08
14	バーレーン	117.58
15	スリランカ	115.54
16	モルディブ	114.37
17	ポルトガル	113.94
18	フランス	111.80
19	スペイン	111.60
20	カナダ	107.38

IMF、Global Noteのデータを基に作成

通り統計がハッキリしないのでこのランキングには載っていない。もし実態をきちんと計算すれば、かなりの上位に食い込んで来る可能性もあるだろう。

二〇二二年のランキングトップ3は①レバノン、②日本、③スーダンとなっている。私はこれを、「恐怖のデッドヒート」「死刑宣告リスト」と呼んでいる。

実際のところ、レバノンは二〇一九年の金融危機以降、経済混乱が収まらず事実上の国家破産状態に陥っている。格付けもS＆Pがデフォルトを意味する「D」を、ムーディーズが債務不履行以外では最低格の「C」を付けており、名実共に格付け上は「死刑宣告が下った」状態になっているのだ。

三位のスーダンは、北アフリカにあってアラブ文化圏とアフリカ文化圏の境界にあり、歴史的にも他民族の侵入、王朝の興亡、宗教対立などで紛争が続いて来た。このため情勢が安定せず、経済も厳しい状況が続いている。経済成長率は二〇一九年がマイナス二・五％でインフレ率も慢性的に高止まりしている。なお、主要な格付け機関でのスーダンの格付け情報はない。

そして四位にランキングされているのが、「ギリシャショック」に端を発し二〇一〇年代に経済混乱と財政再建に苦しんだギリシャだ。格付けも「ＳＤ」という、事実上の「死刑宣告」がなされた同国だが、二〇二〇年代に入って債務残高も減少し、経済も回復したことで格付けも回復して来た。本稿執筆時点では、Ｓ＆Ｐとフィッチが「ＢＢＢ−」、ムーディーズが「Ｂａ１」（「ＢＢ＋」に相当）を付けており、ほぼ「投資適格級」に回復したと言ってよいだろう。

以下、二〇一五年以降、過酷な国家破産状態に突入したベネズエラが六位、「ギリシャショック」の余波を受け二〇一〇年代に経済停滞を経験したイタリアが七位、中国の一帯一路政策によって多額の対中債務を抱え「債務の罠」に陥っているとの懸念が強いラオスが八位と続く。

政府債務の絶対額ではダントツのアメリカは、実はトップ10に入っていない。債務も大きいが経済規模も大きく、相対的に見てまだ危険水準とは言えないことがわかるだろう。そして意外なことに、アジアで唯一の最高格付けを得ているシンガポールが、五位にランキングされているのだ。

シンガポールは資源に乏しく、あらゆるものを国外から調達している。なんと、水すら自国内で調達できず消費量の半分を輸入に頼って来た。現在でこそ水資源確保の様々な努力で輸入依存率は二五％程度に低下しているが、それでも輸入依存の体質はすぐには変えようがない。しかしながらシンガポールは、これほどの負債を補って余りある資産を保有しており、さらにアジアの物流・金融の最重要拠点として世界中からヒト・モノ・カネが集まって来る。こうした事情が、最高格付けの理由となっているのだ。

日本に待ち受けるのは「財政破綻という経済災害」

実質的に世界一の借金を抱える日本にとって、国債バブルの崩壊は財政破綻への片道切符である。そして、もうすでにバブル崩壊への序章は始まっている。目下のところ、植田総裁率いる日銀は何とか穏便に金利を上昇（国債価格を下落）させ、金融緩和政策の出口にたどり着こうとしている。極めて繊細で難しい舵取りであり、およそ人間が持ち得る忍耐、胆力など、あらゆる精神力を総動員してもうまく行くかどうか、という難しい仕事であろう。それに取り組む植田総裁には、人として敬意を感じずにはいられないが、しかし私はそうした努力にも関わらず、ソフトランディングできる可能性は限りなくゼロに近いと見ている。なぜなら、経済とは無情であり、時に気まぐれな悪魔のようでもあるからだ。

仮に、これから将来に亘って世界経済に突発的なアクシデントが一切起きず、ベタ凪《なぎ》の穏やかな状態がずっと続けば、ソフトランディングも可能だろう。しかし、経済には予想もできない突然の変化が付きもので、それが様々な影響を各所に与え、連鎖して行くものである。パンパンに膨れ上がった日本の政府債務にその影響の一つでも触れてしまえば、国債バブルは崩壊する。そうなれば、待ち受けているのはここまで説明して来た通りのことだ。

金利急騰による瞬発的な経済パニックが起き、やがて大量の倒産や失業を生む。日本国債を大量に保有する日銀の財務は急速に悪化し、その日銀が発行する日本円の信認も急速に低下する。著しい円安が輸入物価を押し上げ、すさまじいインフレの嵐が吹き荒れ、庶民生活は無情にもなぎ倒されることになる。さらにインフレと円安、金利急騰によるパニックから株価も暴落する。

そして、日本国債は格下げを余儀なくされる。これはある意味で、事実上の「死刑宣告」となるだろう。世界の金融経済において日本のポジションは一気に低下し、資金調達コストの増大が日本経済をさらに停滞させることになる。

ここまで来れば、際限ない政府債務の膨張を、世界は見逃してはくれない。投機筋は一斉《いっせい》に国債売り、日本円売りをはじめとした「日本売りあびせ」で荒稼ぎを狙う。日本の信用不安が世界経済に影をおとす事態となり、アメリカをはじめ主要先進国は日本の財政健全化を要請し、猛烈な圧力をかけて来る。

この頃には国内経済はボロボロの状態になり、国民の七―八割は失業や物価高で生活が立ち行かなくなっているだろう。治安の悪化、デモやストの多発が社会問題となり、誰もが「この国は落ちぶれた」ことを理解する。

いかに日本の政治家が問題の先送りに長《た》けていても、ここまで事態が切迫すれば「大ナタを振るう」決断をする他ない。財政再建に向けた徳政令の実施である。パニック鎮静化のため、預金封鎖、引き出し制限、海外送金規制、外貨取扱規制など、様々な金融規制を実施、さらに国民資産を把握し、大幅な増税も実施するだろう。所得税、法人税はもちろん、財産税の課税も視野に入る。資産徴収も行なわれる可能性がある。タンス預金のあぶり出しのため旧札（二〇二四年夏以前に発行された旧券面の紙幣）を無効とする、金《きん》の保有を禁止し不利なレートで供出させる、といった措置が行なわれる可能性も考えられる。したがって、これらの現物資産を保有している人は、何らかの対策を行なわなければ大切な資産を根こそぎ失う危険があると考えた方がよい。

さらに、政府は歳出の削減にも取り組むだろう。公務員のリストラや給与カット、公共サービスの縮小や削減、年金や介護保険の支給カット、医療費の自己負担増などによって、高齢者や子供など社会的弱者がさらに厳しい苦境に陥ることとなる。

このような措置は、おそらく第二次世界大戦以降の世界でどの国でも行なわれなかったほどの苛烈《かれつ》さとスピードで行なわれるかもしれない。なぜなら日本の抱える借金は、ＩＭＦでも救えないほどに莫大だからだ。

二〇一〇年に発生した「ギリシャショック」では、ＩＭＦとＥＣＢが金融支援を実施してギリシャを救済し、財政を後押しした。このおかげで、数々の紆《う》余曲折《よきょくせつ》や悲劇があったものの、ギリシャは時間をかけた財政再建ができた。

しかし、日本はギリシャとは比較にならない額の借金を抱える。これを放置した状態では断続的に日本売りが続き、そのつど金利急騰、超円安、株価暴落、高インフレが発生、最終的に国民生活は「ゴマをするかのように」すりつぶされるだろう。落ち着いて財政再建を遂行する暇もなく、貧困に陥った国民が大規模なデモを繰り広げるかもしれない。

よって、膨大な債務をある一定水準まで「一気に」圧縮させる必要もあると考えられる。その意味では、私は財産税や金《きん》没収、外貨建て資産の保有制限（没収含む）は、実はかなり可能性が高いと見ている。

私たち日本人がこれから迎える将来は、このような「地獄絵図」のようなものである可能性が高い。まったくもって残念なことだが、これは「自業自得」

というべきものであり、まさに「因果応報」である。

国家にばら撒きを要求し、政治家が求めに応じてばら撒く。それが将来どのような事態を招来するのか、ロクに考えもせずに安易な選択をし続けた日本への、これが報いというものであろう。

ただ、国家破産という「経済災害」は、誰も等しく犠牲になるものではない。大地震などの自然災害においても、備えと心構えが万全であれば生き残りの可能性は飛躍的に高まる。同様に、国家破産も然るべき対策を講じ、いざという時の心構えを整えておけば、被害を最小限に抑えて生き残ることは可能だ。さらに、経済災害の場合はより効果的な対策を講じることでピンチをチャンスに変えることすら可能となる。

その具体的な方策については紙幅の都合上前著『国家破産ではなく国民破産だ！〈上・下〉』や『２０２５年の衝撃〈上・下〉』（第二海援隊刊）をご参考いただきたいが、いずれにしてもなるべく早く対策を講じることが重要である。

これから日本に到来する危機的状況をどう認識し、どう対策するのか。読者の皆さんには、ぜひともしっかりと考え、そして行動に移していただきたい。皆さんが、この困難の時代をたくましく生き延びて行くことを祈っている。

なお、個人でその方策を講じることが難しいような場合には、そのアドバイスを提供することも私たちの運営する資産保全のアドバイザリー組織（巻末一八四ページを参照）では可能である。

たとえば、株を使った国家破産時代のサバイバルは十分に可能だ。ただし、株で儲けるにはある種のコツがあり、経験の乏しい一般の人が儲けるのは簡単ではない。自己流で取り組んでも、かえって高い授業料を払う羽目になりかねない。そこで利用したいのが、専門のアドバイザーだ。私も、いくつか株式関連の投資助言を行なう会員制クラブを主宰している。

私からは、次の三つの方法を提案しよう。一つは現物株やETFの銘柄情報に加え、株に関する様々なトレンド情報を提供する「日米成長株投資クラブ」と「㊙株情報クラブ」だ。二つ目は「ボロ株クラブ」で、極端に割安な状態に放置された個別銘柄の情報提供を行なう。そして三つめが、数年に一度の大暴落で資産を一〇〇〇倍に殖やすことを目指す「オプション研究会」だ。詳しくは巻末一九七ページをご覧いただきたい。

というわけで、ぜひ希望をもって本書の最後まで読み進めいただきたい。

エピローグ

日本国の矛盾が市場崩壊を招く

かつて二〇世紀最大の投資家ジョージ・ソロスは、「矛盾は極限まで行き着く」という銘言をはいた。まさに今の日本国の財政と日銀・国債・円をめぐる状況を〝言い得て妙〟である。

日本国の借金は、ついにGDPの二五〇%に達し、世界一九六ヵ国中第二位という、信じがたい高みに到達した。しかし、まだ国債は安泰だし、金融市場に動揺は見られない。なぜか。世界最大最強の中央銀行の一つである「日銀」が、日本国債を爆買いしているからだ。

かつて財務省のトップが「なぜ、こんなに借金だらけなのに、海外の格付け機関が日本国債に『A』を付けてくれるのか」と不思議に思い裏から問い合わせたところ、「日銀が国債を爆買いしているから」という信じがたい答えが返って来たという。ということは、日銀が国債を買わなくなったら……。

というわけで、日銀が現在の日本の矛盾を極限まで行き着かせようとしているのだ。そして、その矛盾が本当に爆発した時はどうなるのか。まさに金融市場が粉々に吹き飛ぶ日だ。想像を絶する市場崩壊＝トリプル安だ。国債暴落、すさまじい円安、そして株価大暴落だ。そして、まず一番最初に襲って来る巨大津波こそ、「超円安」なのだ。

「恐慌が資産家を作る」と言われる。こうした史上最大の金融恐慌のような状況を事前に察知し、手を打った者だけが大チャンスをものとし、大資産家への道を駆け上って行くことができる。読者諸氏が幸運の女神をゲットすることを祈ってペンを置きたい。

二〇二四年七月吉日　浅井　隆

■今後、『株高は国家破産の前兆』『太陽嵐2025年』『2025年の大崩壊』（すべて仮題）を順次出版予定です。ご期待下さい。

浅井隆からの重要なお知らせ

——恐慌および国家破産を勝ち残るための具体的ノウハウ

厳しい時代を賢く生き残るために必要な情報を収集するために

◆〝恐慌および国家破産対策〟の入口 「経済トレンドレポート」

電子版も好評配信中!

皆様に特にお勧めしたいのが、浅井隆が取材した特殊な情報をいち早くお届けする「経済トレンドレポート」です。今まで、数多くの経済予測を的中させてきました。そうした特別な経済情報を年三三回（一〇日に一回）発行のレポートでお届けします。初心者や経済情報に慣れていない方にも読みやすい内容で、新聞やインターネットに先立つ情報や、大手マスコミとは異なる切り口からまとめた情報を掲載しています。

さらにその中で、恐慌、国家破産に関する『特別緊急警告』『恐慌警報』『国家破産警報』も流しております。「激動の二一世紀を生き残るために対策をしなければならないことは理解したが、何から手を付ければよいかわからない」「経済情報をタイムリーに得たいが、難しい内容には付いて行けない」という方は、最低でもこの経済トレンドレポートをご購読下さい。年間、約四万円で生き残るための情報を得られます。また、経済トレンドレポートの会員になられます

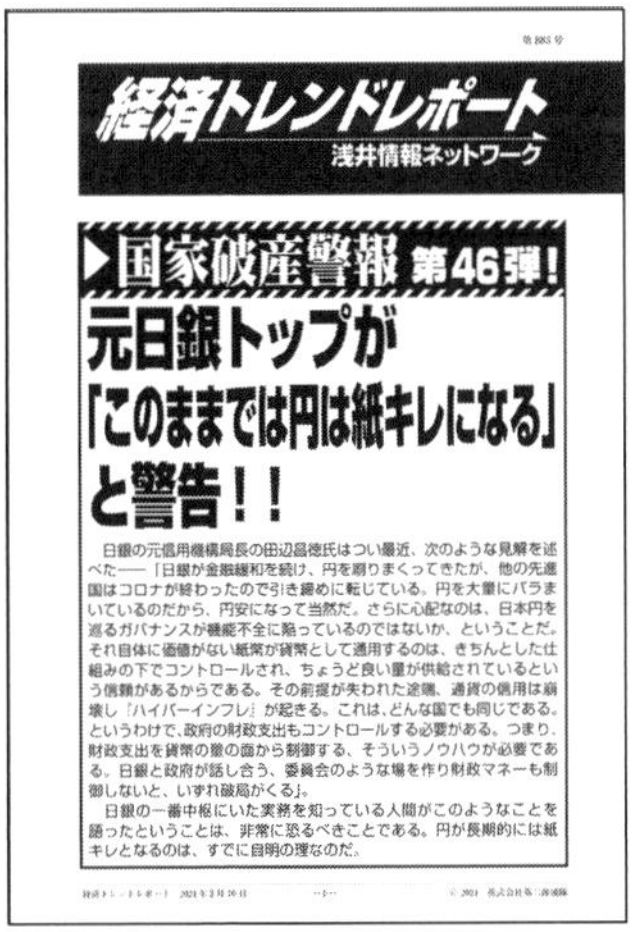
経済トレンドレポート
浅井情報ネットワーク

▶国家破産警報 第46弾！

元日銀トップが「このままでは円は紙キレになる」と警告！！

日銀の元信用機構局長の田辺昌徳氏はつい最近、次のような見解を述べた――「日銀が金融緩和を続け、円を刷りまくってきたが、他の先進国はコロナが終わったので引き締めに転じている。円を大量にバラまいているのだから、円安になって当然だ。さらに心配なのは、日本円を巡るガバナンスが機能不全に陥っているのではないか、ということだ。それ自体に価値がない紙幣が貨幣として通用するのは、きちんとした仕組みの下でコントロールされ、ちょうど良い量が供給されているという信頼があるからである。その前提が失われた途端、通貨の信用は崩壊し『ハイパーインフレ』が起きる。これは、どんな国でも同じである。というわけで、政府の財政支出もコントロールする必要がある。つまり、財政支出を貨幣の量の面から制御する、そういうノウハウが必要である。日銀と政府が話し合う、委員会のような場を作り財政マネーも制御しないと、いずれ破局がくる」。

日銀の一番中枢にいた実務を知っている人間がこのようなことを語ったということは、非常に恐るべきことである。円が長期的には紙キレとなるのは、すでに自明の理なのだ。

2024年3月10日号

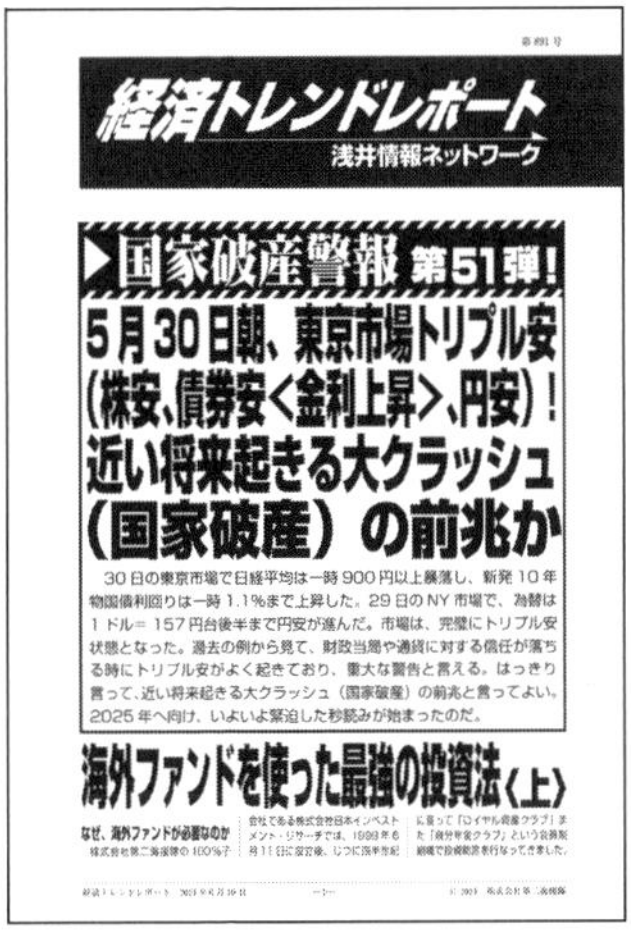
経済トレンドレポート
浅井情報ネットワーク

▶国家破産警報 第51弾！

5月30日朝、東京市場トリプル安（株安、債券安<金利上昇>、円安）！近い将来起きる大クラッシュ（国家破産）の前兆か

30日の東京市場で日経平均は一時900円以上暴落し、新発10年物国債利回りは一時1.1%まで上昇した。29日のNY市場で、為替は1ドル＝157円台後半まで円安が進んだ。市場は、完璧にトリプル安状態となった。過去の例から見て、財政当局や通貨に対する信任が落ちる時にトリプル安がよく起きており、重大な警告と言える。はっきり言って、近い将来起きる大クラッシュ（国家破産）の前兆と言ってよい。2025年へ向け、いよいよ緊迫した秒読みが始まったのだ。

海外ファンドを使った最強の投資法〈上〉

なぜ、海外ファンドが必要なのか

2024年6月10日号

「経済トレンドレポート」は情報収集の手始めとしてぜひお読みいただきたい。

と、当社主催の講演会など様々な割引・特典を受けられます。
■詳しいお問い合わせ先は、㈱第二海援隊　担当：島﨑
TEL：〇三（三二九一）六一〇六　FAX：〇三（三二九一）六九〇〇
Eメール：info@dainikaientai.co.jp
ホームページアドレス：http://www.dainikaientai.co.jp/

恐慌・国家破産への実践的な対策を伝授する会員制クラブ

◆「自分年金クラブ」「ロイヤル資産クラブ」「プラチナクラブ」

国家破産対策を本格的に実践したい方にぜひお勧めしたいのが、第二海援隊の一〇〇%子会社「株式会社日本インベストメント・リサーチ」（関東財務局長（金商）第九二六号）が運営する三つの会員制クラブ（**「自分年金クラブ」「ロイヤル資産クラブ」「プラチナクラブ」**）です。

まず、この三つのクラブについて簡単にご紹介しましょう。**「自分年金クラブ」**は資産一〇〇〇万円未満の方向け、**「ロイヤル資産クラブ」**は資産一〇〇〇

万—数千万円程度の方向け、そして最高峰の**「プラチナクラブ」**は資産一億円以上の方向け（ご入会条件は資産五〇〇〇万円以上）で、それぞれの資産規模に応じた魅力的な海外ファンドの銘柄情報や、国内外の金融機関の活用法に関する情報を提供しています。

恐慌・国家破産は、なんと言っても海外ファンドや海外口座といった「海外の活用」が極めて有効な対策となります。特に海外ファンドについては、私たちは早くからその有効性に注目し、二〇年以上に亘って世界中の銘柄を調査してまいりました。本物の実力を持つ海外ファンドの中には、恐慌や国家破産といった有事に実力を発揮するのみならず、平時には資産運用としても魅力的なパフォーマンスを示すものがあります。こうした情報を厳選してお届けするのが、三つの会員制クラブの最大の特長です。

その一例をご紹介しましょう。三クラブ共通で情報提供する「ATファンド」は、年率五—七％程度の収益を安定的に挙げています。これは、たとえば年率七％なら三〇〇万円を預けると毎年約二〇万円の収益を複利で得られ、およそ一〇年で資産が二倍になる計算となります。しかもこのファンドは、二〇一四年の運用開始から一度もマイナスを計上したことがないという、極めて優秀な運用実績を残しています。日本国内の投資信託などではとても信じられない数字ですが、世界中を見渡せばこうした優れた銘柄はまだまだあるのです。

冒頭にご紹介した三つのクラブでは、「ATファンド」をはじめとしてより高い収益力が期待できる銘柄や、恐慌などの有事により強い力を期待できる銘柄など、様々な魅力を持ったファンド情報をお届けしています。なお、資産規模が大きいクラブほど、取り扱い銘柄数も多くなっております。

また、ファンドだけでなく金融機関選びも極めて重要です。単に有事にも耐え得る高い信頼性というだけでなく、各種手数料の優遇や有利な金利が設定されている、日本に居ながらにして海外の市場と取引ができるなど、金融機関も様々な特長を持っています。こうした中から、各クラブでは資産規模に適した、魅力的な条件を持つ国内外の金融機関に関する情報を提供し、またその活用方法についてもアドバイスしています。

その他、国内外の金融ルールや国内税制などに関する情報など資産防衛に有用な様々な情報を発信、会員の皆様の資産に関するご相談にもお応えしております。浅井隆が長年研究・実践してきた国家破産対策のノウハウを、ぜひあなたの大切な資産防衛にお役立て下さい。

■詳しいお問い合わせは「㈱日本インベストメント・リサーチ」

TEL：〇三（三二九一）七二九一　FAX：〇三（三二九一）七二九二

Eメール：info@nihoninvest.co.jp

他にも第二海援隊独自の〝特別情報〟をご提供

◆浅井隆のナマの声が聞ける講演会

浅井隆の講演会を開催いたします。二〇二四年下半期は大阪・九月六日（金）、福岡・九月一三日（金）、東京・九月二〇日（金）、名古屋・一〇月一八日（金）で予定しております。経済の最新情報をお伝えすると共に、生き残りの具体的な対策を詳しく、わかりやすく解説いたします。

活字では伝えることのできない、肉声による貴重な情報にご期待下さい。

■詳しいお問い合わせ先は、㈱第二海援隊
TEL：〇三（三二九一）六一〇六　FAX：〇三（三二九一）六九〇〇
Eメール：info@dainikaientai.co.jp

◆「ダイヤモンド投資情報センター」

現物資産を持つことで資産保全を考える場合、小さくて軽いダイヤモンドは持ち運びも簡単で、大変有効な手段と言えます。近代画壇の巨匠・藤田嗣治は太平洋戦争後、混乱する世界を渡り歩く際、資産として持っていたダイヤモンドを絵の具のチューブに隠して持ち出し、渡航後の糧にしました。金《きん》（ゴールド）だけの資産防衛では不安という方は、ダイヤモンドを検討するのも一手でしょう。しかし、ダイヤモンドの場合、金《きん》とは違って公的な市場が存在せず、専門の鑑定士がダイヤモンドの品質をそれぞれ一点ずつ評価して値段が決まるため、売り買いは金《きん》に比べるとかなり難しいという事情があります。そのため、信頼できる専門家や取り扱い店と巡り合えるかが、ダイヤモンドでの資産保全の成否のわかれ目です。

そこで、信頼できるルートを確保し業者間価格の数割引という価格（デパートの宝飾品売り場の価格の三分の一程度）での購入が可能で、GIA（米国宝石学会）の鑑定書付きという海外に持ち運んでも適正価格での売却が可能な条件を備えたダイヤモンドの売買ができる情報を提供いたします。

ご関心がある方は「ダイヤモンド投資情報センター」にお問い合わせ下さい。
■お問い合わせ先：㈱第二海援隊　TEL：〇三（三二九一）六一〇六　担当：齋藤
Eメール：info@dainikaientai.co.jp

◆第二海援隊ホームページ

第二海援隊では様々な情報をインターネット上でも提供しております。詳しくは「第二海援隊ホームページ」をご覧下さい。私ども第二海援隊グループは、皆様の大切な財産を経済変動や国家破産から守り殖やすためのあらゆる情報提供とお手伝いを全力で行ないます。

また、浅井隆によるコラム「天国と地獄」を連載中です。経済を中心に長期的な視野に立って浅井隆の海外をはじめ現地生取材の様子をレポートするなど、独自の視点からオリジナリティあふれる内容をお届けします。
■ホームページアドレス：http://www.dainikaientai.co.jp/

第二海援隊
HPはこちら

株で資産を作れる時代がやってきた！ 〝四つの株投資クラブ〟のご案内

一「㊙株情報クラブ」

「㊙株情報クラブ」は、普通なかなか入手困難な日経平均の大きなトレンド、現物個別銘柄についての特殊な情報を少人数限定の会員制で提供するものです。目標は、提供した情報の八割が予想通りの結果を生み、会員の皆様の資産が中長期的に大きく殖えることです。そのために、日経平均については著名な「カギ足」アナリストの川上明氏が開発した「T1システム」による情報提供を行ないます。川上氏はこれまでも多くの日経平均の大転換を当てていますので、これからも当クラブに入会された方の大きな力になると思います。

また、その他の現物株（個別銘柄）については短期と中長期の二種類にわけて情報提供を行ないます。短期については川上明氏開発の「T14」「T16」という二つのシステムにより日本の上場銘柄をすべて追跡・監視し、特殊な買いサインが出ると即買いの情報を提供いたします。そして、買った値段から一〇％上昇したら即売却していただき、利益を確定します。この「T14」「T16」は、これまでのところ当たった実績が九八％という驚異的なものとなっております（二〇一五年一月―二〇二〇年六月におけるシミュレーション）。

さらに中長期的銘柄としては、浅井の特殊な人脈数人が選び抜いた日・米・中三ヵ国の成長銘柄を情報提供いたします。

クラブは二〇二一年六月よりサービスを開始しており、すでに会員の皆様へ有用な情報をお届けしております。なお、「㊙株情報クラブ」「ボロ株クラブ」

の内容説明会を収録したＣＤを二〇〇〇円（送料込み）にてお送りしますのでお問い合わせ下さい。

皆様の資産を大きく殖やすという目的のこのクラブは、皆様に大変有益な情報提供ができると確信しております。奮ってご参加下さい。

■お問い合わせ先：㈱日本インベストメント・リサーチ「㊙株情報クラブ」
ＴＥＬ：〇三（三二九一）七二九一　ＦＡＸ：〇三（三二九一）七二九二
Ｅメール：info@nihoninvest.co.jp

二「ボロ株クラブ」

「ボロ株」とは、主に株価が一〇〇円以下の銘柄を指します。何らかの理由で売り叩かれ、投資家から相手にされなくなった〝わけアリ〟の銘柄もたくさんあり、証券会社の営業マンがお勧めすることもありませんが、私たちはそこにこそ収益機会があると確信しています。

過去一〇年、〝株〟と聞くと多くの方は成長の著しいアメリカの一九六〇年代の西部劇『荒野の七人』に登場したガンマンたちのように、「マグニフィセント・セブン」（超大型七銘柄。アップル、マイクロソフト、アルファベット、アマゾン・ドット・コム、エヌビディア、テスラ、メタ・プラットフォームズ。一九六〇年代の西部劇『荒野の七人』に登場したガンマンたちから名付けられた）高成長ハイテク企業の銘柄を思い浮かべるのではないでしょうか。実際、これらハイテク銘柄の騰勢は目を見張るほどでした。

一方で、「人の行く裏に道あり花の山」という相場の格言があります。「人はとかく群集心理で動きがちだ。いわゆる付和雷同である。ところが、それでは大きな成功は得られない。むしろ他人とは反対のことをやった方が、うまく行く場合が多い」とこの格言は説いています。

すなわち、私たちはなかば見捨てられた銘柄にこそ大きなチャンスが眠っていると考えています。実際、「ボロ株」はしばしば大化けします。ボロ株クラブは二〇二一年六月より始動していますが、小型銘柄（ボロ株）を中心として数々の実績を残しています。過去のデータが欲しいという方は当クラブまでお電話下さい。

もちろん、やみくもに「ボロ株」を推奨して行くということではありません。弊社が懇意にしている「カギ足」アナリスト川上明氏の分析を中心に、さらには同氏が開発した自動売買判断システム「KAI―解―」からの情報も取り入れ、短中長期すべてをカバーしたお勧めの取引（銘柄）をご紹介します。

構想から開発までに十数年を要した「KAI」には、すでに多くの判断システムが組み込まれていますが、「ボロ株クラブ」ではその中から「T8」というシステムによる情報を取り入れています。T8の戦略を端的に説明しますと、「ある銘柄が急騰し、その後に反落、そしてさらにその後のリバウンド（反騰）を狙う」となります。

これら情報を複合的に活用することで、NISA（少額投資非課税制度）を利用しての年率四〇％リターンも可能だと考えています。年会費も第二海援隊グループの会員の皆様にはそれぞれ割引サービスをご用意しております。詳しくは、お問い合わせ下さい。また、「ボロ株」の「時価総額や出来高が少ない」

という性質上、無制限に会員様を募ることができません。一〇〇名を募集上限（第一次募集）とします。

■お問い合わせ先：㈱日本インベストメント・リサーチ「ボロ株クラブ」
TEL：〇三（三二九一）七二九一　FAX：〇三（三二九一）七二九二
Eメール：info@nihoninvest.co.jp

三「日米成長株投資クラブ」

いまや世界経済は「高インフレ・高金利」に突入しています。大切な資産の防衛・運用も、この世界的トレンドに合わせて考え、取り組むことが重要です。

高インフレ時代には、「守り」の運用だけでは不十分です。リスクを取り、積極的な投資行動を取ることも極めて重要となるのです。この観点からも、「株式投資」はこれからの時代に取り組むべき重要な投資分野と言えます。

浅井隆は、インフレ時代の到来と株式投資の有効性に着目し、二〇一八年から「日米成長株投資クラブ」にて株式に関する情報提供、助言を行なってきました。現代最高の投資家であるウォーレン・バフェット氏とジョージ・ソロス氏の投資哲学を参考として、優良銘柄をじっくり保有するバフェット的発想と、経済トレンドを見据えた大局観の投資判断を行なうソロス的手法によって、「一〇年後に資産一〇倍」を目指して行きます。

経済トレンドについては、テクニカル分析の専門家・川上明氏の「カギ足分析」に加えて、経済トレンドの分析を長年行なって来た浅井隆の知見も融合して行きます。特に、三〇年強で約七割の驚異的な勝率を誇る川上氏の分析は非常に興味深いものがあります。

個別銘柄については、発足以来数多くの銘柄情報にて良好な成績を残しており、会員の皆様に収益機会となる情報をお届けしています。銘柄は低位小型株から比較的大型のものまで幅広く、短期的に連日ストップ高を記録した銘柄もあります。

皆様にはこうした情報を十分に活用していただき、大激動をチャンスに変えて大いに資産形成を成功させていただきたいと考えております。ぜひこの機会を逃さずにお問い合わせ下さい。サービス内容は以下の通りです。

1．浅井隆、川上明氏（テクニカル分析専門家）が厳選する国内の有望銘柄の情報提供

2．株価暴落の予兆を分析し、株式売却タイミングを速報

3．日経平均先物、国債先物、為替先物の売り転換、買い転換タイミングを速報

4．バフェット的発想による、日米の超有望成長株銘柄を情報提供

詳しいお問い合わせは「㈱日本インベストメント・リサーチ」

TEL：〇三（三二九一）七二九一　FAX：〇三（三二九一）七二九二

Eメール：info@nihoninvest.co.jp

四「オプション研究会」

二〇二〇年代は、新型コロナウイルスの世界的流行、ロシアのウクライナ侵攻、中東情勢の緊迫化など「激動の時代」になりつつあります。日本において

も、財政危機リスクや台湾有事などの地政学リスク、さらに巨大地震や火山噴火などの天災リスクを抱え、非常に困難な時代となることが予想されます。

こうした激動期には、大切な資産も大きなダメージを受けることとなりますが、その一方で激動を逆手に取ることで「千載一遇の投資のチャンス」をつかむことも可能となります。その極めて有望な方法の一つが、「オプション取引」です。

「オプション取引」では、短期的な市場の動きに大きく反応し、元本の数十―一〇〇〇倍以上もの利益を生むこともあります。この大きな収益機会は、実は巨大な損失リスクを負わずに、損失リスクを限定しながらつかむことができるのです。激動の時代には、「オプション取引」でこうした巨大な収益機会がたび生まれることになります。市場の暴落時のみならず、急落からの大反騰時にもチャンスが生じるため、平時と比べても取り組む価値は高いと言えます。

「オプション取引」の重要なポイントを簡単にまとめます。

- 非常に短期（数日―一週間程度）で、数十倍―数百倍の利益獲得も可能

・「買い建て」限定にすると、損失は投資額に限定できる
・恐慌、国家破産など市場が激動するほど収益機会は増える
・最低投資額は一〇〇〇円（取引手数料は別途）
・株やＦＸと異なり、注目すべき銘柄は基本的に「日経平均株価」の動きのみ
・給与や年金とは分離して課税される（税率約二〇％）

極めて魅力的な「オプション取引」ですが、投資にあたっては取引方法に習熟することが必須です。オプションの知識の他、パソコンやスマホによる取引操作の習熟が大きなカギとなります。

もし、これからの激動期を「オプション取引」で挑んでみたいとお考えであれば、第二海援隊グループがその習熟を「情報」と「助言」で強力に支援いたします。「オプション研究会」では、「オプション取引」はおろか株式投資など他の投資経験もないという方にも、取引操作から基本知識、さらに投資の心構え、市況変化に対する考え方や収益機会のとらえ方など、初歩的な事柄から実践までを懇切丁寧に指導いたします。

さらに、「オプション研究会」では、「三〇％複利戦法」をはじめとして参考となる投資戦略も情報提供しています。こうした戦略もうまく活用することで、「オプション取引」の魅力を実感していただきます。

これからの激動の時代を、チャンスに変えたいとお考えの方のご入会を心よりお待ちしております。

※なお、オプション研究会のご入会には、「日米成長株投資クラブ」の会員であることが条件となります。また、ご入会時には当社規定に基づく審査があります。あらかじめご了承下さい。

「㈱日本インベストメント・リサーチ オプション研究会」担当 山内・稲垣・関
TEL：〇三（三二九一）七二九一　FAX：〇三（三二九一）七二九二
Eメール：info@nihoninvest.co.jp

◆「オプション取引」習熟への近道を知るための「セミナーDVD」発売中（二〇二四年五月二四日収録版）

「オプション取引について詳しく知りたい」『オプション研究会』について理解を深めたい」という方のために、その概要を知ることができる「DVD／CD／動画配信」を用意しています。

■「オプション説明会 受講DVD／CD／動画配信」■

「オプション説明会」の模様を収録したDVD／CD／動画配信です。浅井隆が信頼する相場のチャート分析を行なう川上明先生にもご登壇いただきました。ぜひご入手下さい。

価格（DVD／CD／動画配信） 三〇〇〇円（送料込）

※「オプション説明会」にお申し込みの際には、氏名、電話番号、住所、Eメールアドレス（動画配信希望の方のみ必須）、セミナーの受講形態（参加、動画配信、CD、DVD）をお知らせ下さい。

■「オプション研究会」および「オプション説明会」に関するお問い合わせは「第二海援隊　オプション研究会　担当」まで。

TEL：〇三（三二九一）七二九一　FAX：〇三（三二九一）七二九二

Eメール：info@nihoninvest.co.jp

◆浅井隆が発行人となる新ウェブサイト「インテリジェンス・ニッポン」配信開始

山積する日本の課題を克服するため、問題の所在を解明し、解決策を示していくオピニオン・メディアを創りたい。この長年の浅井隆の夢が、二〇二四年七月に実現します。

新サイトは「インテリジェンス・ニッポン」です。「インテリジェンス（Intelligence）」は「（優れた）知性」を意味します。政治経済はじめさまざまな分野で行き詰まっている日本について、冷静に、総合的に、まさに「インテリジェンス」を持って考え、「新生日本」を目指す解決の方向を示して行こうというのが、このウェブサイトです。

浅井はじめ大手新聞社や出版社のベテラン編集者が、時代の本質を的確に捉えた論者や評論、ニュースをわかりやすく紹介します。テーマは広い意味での政治、経済を二本柱とし、教育、文化など幅広く取り上げます。原則として毎月二回更新（第二、第四木曜）し、誰でも無料でアクセスできます。

ぜひ一度ご覧になってください。

■ホームページアドレス：http://www.intelligence-nippon.jp/

インテリジェンス・ニッポン
ＨＰはこちら

■経済ジャーナリストとして

国際軍事関係の取材を続ける中、「冷戦も終わり、これからは軍事ではなく経済の時代」という友人の編集者の言葉が転機となり、経済に関する勉強を重ねる。1990年東京市場暴落の謎に迫る取材で、一大センセーションを巻き起こす。当時、一般には知られていない最新の金融技術を使って利益を上げた、バブル崩壊の仕掛け人の存在を暴露するレポート記事を雑誌に発表。当初は誰にも理解されなかったが、真相が知れ渡るにつれ、当時の大蔵省官僚からも注目されるほどになった。これをきっかけに、経済ジャーナリストとして、バブル崩壊後の超円高や平成不況の長期化、金融機関の破綻など数々の経済予測を的中させたベストセラーを多発した。

■独立

1993年「大不況サバイバル読本— '95年から始まる"危機"を生き残るために」が十数万部のベストセラーとなり、独立を決意。1994年に毎日新聞社を退社し、浅井隆事務所を設立。執筆・講演会・勉強会などの活動を行なう。

■（株）第二海援隊設立

1996年、従来にない形態の総合情報商社「第二海援隊」を設立。以後その経営に携わる一方、精力的に執筆・講演活動を続ける。2005年7月、日本を改革・再生することを唯一の事業目的とする日本初の株式会社「再生日本２１」を立ち上げる。

■主な著書

『大不況サバイバル読本』『日本発、世界大恐慌！』（徳間書店）『95年の衝撃』（総合法令出版）『勝ち組の経済学』（小学館文庫）『次にくる波』（PHP研究所）『HuMan Destiny』（『9・11と金融危機はなぜ起きたか!?〈上〉〈下〉』英訳）『いよいよ政府があなたの財産を奪いにやってくる!?』『徴兵・核武装論〈上〉〈下〉』『最後のバブルそして金融崩壊『国家破産ベネズエラ突撃取材』『都銀、ゆうちょ、農林中金まで危ない!?』『巨大インフレと国家破産』『年金ゼロでやる老後設計』『ボロ株投資で年率40%も夢じゃない!!』『2030年までに日経平均10万円、そして大インフレ襲来!!』『コロナでついに国家破産』『老後資金枯渇』『2022年インフレ大襲来』『2026年日本国破産〈警告編〉〈あなたの身に何が起きるか編〉〈現地突撃レポート編〉〈対策編・上／下〉』『極東有事——あなたの町と家族が狙われている！』『オレが香港ドルを暴落させる　ドル/円は150円経由200円へ！』『巨大食糧危機とガソリン200円突破』『2025年の大恐慌』『1ドル＝200円時代がやってくる!!』『ドル建て金持ち、円建て貧乏』『20年ほったらかして1億円の老後資金を作ろう！』『投資の王様』『国家破産ではなく国民破産だ！〈上〉〈下〉』『2025年の衝撃〈上〉〈下〉』『あなたの円が紙キレとなる日』『ドルの正しい持ち方』（第二海援隊）など多数。

〈著者略歴〉

浅井　隆　(あさい　たかし)

■学生時代

高校時代は理工系を志望。父と同じ技術者を目指していたが、「成長の限界」という本に出会い、強い衝撃を受ける。浅井は、この問題の解決こそ“人生の課題”という使命感を抱いた。この想いが後の第二海援隊設立につながる。人類の破滅を回避するためには、科学技術ではなく政治の力が必要だと考え、志望先を親に内緒で変えて早稲田大学政治経済学部に進む。在学中に環境問題を研究する「宇宙船地球号を守る会」などを主宰するも、「自分の知りたいことを本当に教えてくれる人はいない」と感じて大学を休学。「日本を語るにはまず西洋事情を知らなくては」と考え、海外放浪の旅に出る。この経験が「何でも見てやろう、聞いてやろう」という“現場主義”の基礎になる。

■学生ビジネス時代

大学一年の時から学習塾を主宰。「日本がイヤになって」海外を半年間放浪するも、反対に「日本はなんて素晴らしい国なのだろう」と感じる。帰国後、日本の素晴らしさを子供たちに伝えるため、主催する学習塾で“日本の心”を伝える歴史学や道徳も教える。ユニークさが評判を呼び、学生ビジネスとして成功を収める。これが歴史観、道徳、志などを学ぶ勉強会、セミナーの原型となった。

■カメラマン時代

学生企業家として活躍する中、マスコミを通して世論を啓蒙していこうと考え、大学７年生の時に中退。毎日新聞社に報道カメラマンとして入社。環境・社会問題の本質を突く報道を目指すも、スキャンダラスなニュースばかりを追うマスコミの姿勢に疑問を抱く。しかし先輩から、「自分の実力が新聞社の肩書きを上回るまで辞めてはならん」との言葉を受け発奮、世界を股にかける過酷な勤務をこなす傍ら、猛勉強に励みつつ独自の取材、執筆活動を展開する。冷戦下の当時、北米の核戦争用地下司令部「ＮＯＲＡＤ」を取材。
核問題の本質を突く取材をしようと、ＮＯＲＡＤ司令官に直接手紙を書いた。するとアメリカのマスコミでさえ容易に取材できないＮＯＲＡＤでは異例の取材許可が下りた。ところが上司からはその重要性を理解されず、取材費は出なかった。そこで浅井は夏休みをとり、経費はすべて自腹で取材を敢行。これが転機となって米軍関係者と個人的なコネクションができ、軍事関係の取材を精力的に行なう。

〈参考文献〉

【新聞・通信社】

『日本経済新聞』『読売新聞』『朝日新聞』『東京新聞』
『ブルームバーグ』『ロイター』

【書籍】

『日本銀行　我が国に迫る危機』（河村小百合著　講談社）
『2025年7の月に起きること』（神薙慧著　第二海援隊）

【拙著】

『1ドル＝200円時代がやってくる!!』（第二海援隊）
『2020年の衝撃』（第二海援隊）
『国家破産ではなく、国民破産だ！〈上・下〉』（第二海援隊）
『あなたの円が紙キレになる日』（第二海援隊）
『2022年インフレ襲来』（第二海援隊）
『ドル建て金持ち、円建て貧乏』（第二海援隊）
『瞬間30%の巨大インフレがもうすぐやってくる!!』（第二海援隊）

【その他】

『ロイヤル資産クラブレポート』『経済トレンドレポート』

【論文】

『格付機関の歴史的生成過程』（久保寛展　福岡大学法学部教授）

【ホームページ】

フリー百科事典『ウィキペディア』
『財務省』『外務省』『日本銀行』『預金保険機構』『ＮＨＫ』『ＯＥＣＤ』
『公益財団法人国際通貨研究所』『ムーディーズ・ジャパン』
『Ｓ＆Ｐ グローバル レーティングス』『フィッチ・レーティングス』
『プレジデント・オンライン』『ウォール・ストリートジャーナル』
『時事通信社』『Let’s GOLD』『みずほリサーチ＆テクノロジーズ』
『日本総研』『ニッセイ基礎研究所』『第一生命経済研究所』
『日本経済団体連合会』『三菱ＵＦＪリサーチ＆コンサルティング』
『福岡大学機関リポジトリ』『ブリティッシュコロンビア大学』
『金融大学（フィナンシャル・アーティスト・アカデミー）』
『グローバル・フォーラム（ＧＦＪ）』『ピクテ』『GLOBAL NOTE』

超円安 国債崩壊 株大暴落

2024年7月23日　初刷発行

著　者　浅井　隆
発行者　浅井　隆
発行所　株式会社　第二海援隊
〒101-0062
東京都千代田区神田駿河台２-５-１　住友不動産御茶ノ水ファーストビル８Ｆ
電話番号　03-3291-1821　　ＦＡＸ番号　03-3291-1820

印刷・製本／株式会社シナノ

 ISBN978-4-86335-243-8

第二海援隊発足にあたって

日本は今、重大な転換期にさしかかっています。にもかかわらず、私たちはこの極東の島国の上で独りよがりのパラダイムにどっぷり浸かって、まだ太平の世を謳歌しています。

しかし、世界はもう動き始めています。その意味で、現在の日本はあまりにも「幕末」に似ているのです。ただ、今の日本人には幕末の日本人と比べて、決定的に欠けているものがあります。それこそ、志と理念です。現在の日本は世界一の債権大国（＝金持ち国家）に登り詰めはしましたが、人間の志と資質という点では、貧弱な国家になりはててしまいました。それこそが、最大の危機といえるかもしれません。

そこで私は「二十一世紀の海援隊」の必要性を是非提唱したいのです。今日本に必要なのは、技術でも資本でもありません。志をもって大変革を遂げることのできる人物と、それを支える情報です。まさに、情報こそ〝力〟なのです。そこで私は本物の情報を発信するための「総合情報商社」および「出版社」こそ、今の日本に最も必要と気付き、自らそれを興そうと決心したのです。

しかし、私一人の力では微力です。是非皆様の力をお貸しいただき、二十一世紀の日本のために少しでも前進できますようご支援、ご協力をお願い申し上げる次第です。

浅井　隆